Fichier de l'élève

CE1

Outils pour les Maths

Natacha Besset

Professeur des écoles

Laurence Guérin

Conseillère pédagogique

Directeur d'ouvrage :
Patrice Gros

Inspecteur de l'Éducation nationale

MAGNARD

Une démarche claire et efficace

▶ Des chapitres structurés

1. Une **situation de recherche** pour réfléchir et manipuler ensemble

2. La **leçon** : pour retenir le raisonnement et les procédures mathématiques

3. De nombreux **exercices progressifs** pour s'entraîner

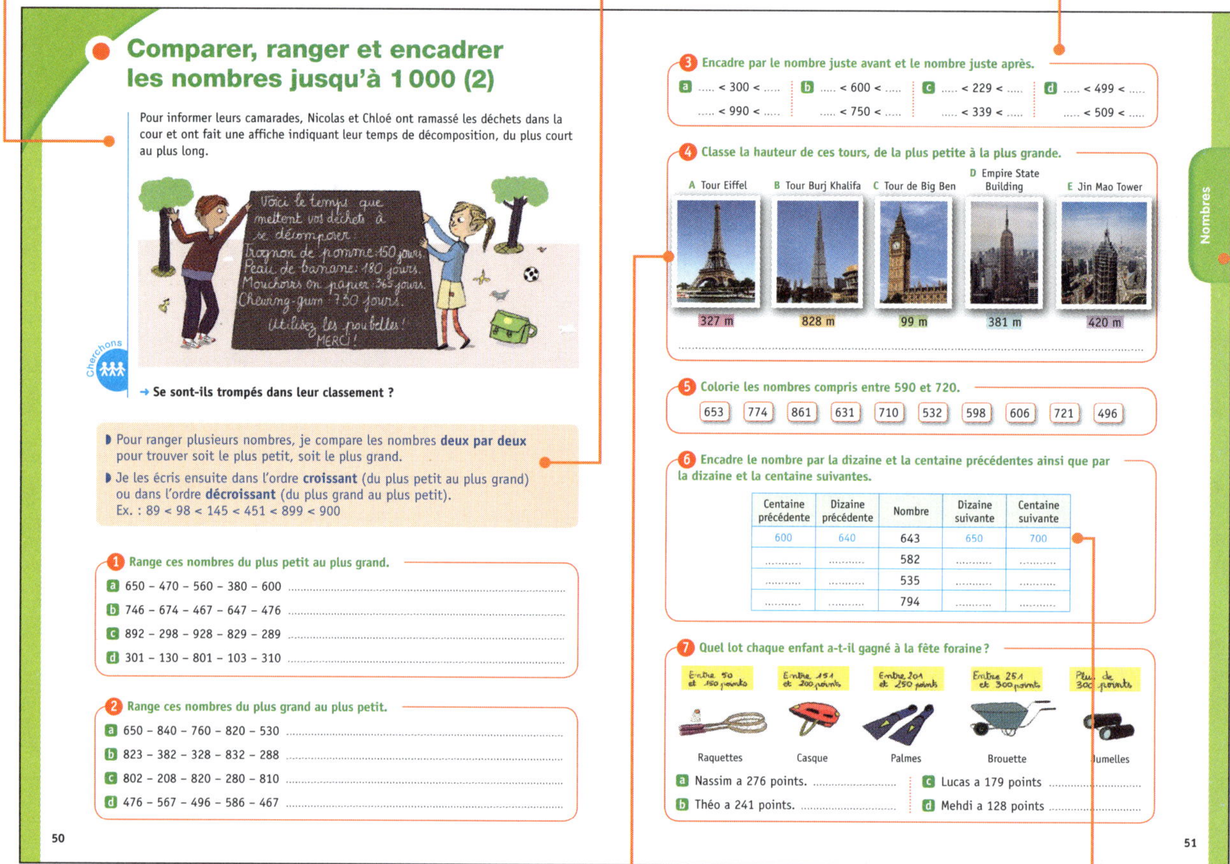

Comparer, ranger et encadrer les nombres jusqu'à 1 000 (2)

Pour informer leurs camarades, Nicolas et Chloé ont ramassé les déchets dans la cour et ont fait une affiche indiquant leur temps de décomposition, du plus court au plus long.

→ **Se sont-ils trompés dans leur classement ?**

- Pour ranger plusieurs nombres, je compare les nombres **deux par deux** pour trouver soit le plus petit, soit le plus grand.
- Je les écris ensuite dans l'ordre **croissant** (du plus petit au plus grand) ou dans l'ordre **décroissant** (du plus grand au plus petit).
  Ex. : 89 < 98 < 145 < 451 < 899 < 900

1 Range ces nombres du plus petit au plus grand.
a 650 – 470 – 560 – 380 – 600 ……
b 746 – 674 – 467 – 647 – 476 ……
c 892 – 298 – 928 – 829 – 289 ……
d 301 – 130 – 801 – 103 – 310 ……

2 Range ces nombres du plus grand au plus petit.
a 650 – 840 – 760 – 820 – 530 ……
b 823 – 382 – 328 – 832 – 288 ……
c 802 – 208 – 820 – 280 – 810 ……
d 476 – 567 – 496 – 586 – 467 ……

50

3 Encadre par le nombre juste avant et le nombre juste après.
a ….. < 300 < ….. ; ….. < 990 < …..
b ….. < 600 < ….. ; ….. < 750 < …..
c ….. < 229 < ….. ; ….. < 339 < …..
d ….. < 499 < ….. ; ….. < 509 < …..

4 Classe la hauteur de ces tours, de la plus petite à la plus grande.

……

5 Colorie les nombres compris entre 590 et 720.
653 774 861 631 710 532 598 606 721 496

6 Encadre le nombre par la dizaine et la centaine précédentes ainsi que par la dizaine et la centaine suivantes.

Centaine précédente	Dizaine précédente	Nombre	Dizaine suivante	Centaine suivante
600	640	643	650	700
………	………	582	………	………
………	………	535	………	………
………	………	794	………	………

7 Quel lot chaque enfant a-t-il gagné à la fête foraine ?

a Nassim a 276 points. ……
b Théo a 241 points. ……
c Lucas a 179 points ……
d Mehdi a 128 points ……

51

Nombres

▶ Des aides et des repères

Une **contextualisation** des exercices

Des **exemples**

Le nom du **domaine**

Avant-propos

Le cahier de mathématiques, le manuel ou le fichier constituent les principaux outils de l'élève. L'apprentissage des mathématiques, comme celui de la lecture, doit s'appuyer sur un support de référence stable et de qualité. Le fichier « Outils pour les maths », en s'inscrivant dans ces principes, a été conçu pour constituer ce référent commun à l'école et la famille.

Nous avons eu le souci permanent :
- de garantir rigoureusement le **respect des programmes** de l'école élémentaire tout en conduisant les élèves à la maîtrise du socle commun de connaissances et de compétences ;
- de proposer des situations permettant à tous les élèves de **maîtriser les compétences** travaillées ;
- de structurer des exercices progressifs permettant l'acquisition des compétences par une **progression spiralaire** des objectifs d'apprentissage ;
- d'articuler l'installation d'**automatismes** construits et la **résolution de problèmes** progressifs ;
- et enfin, de permettre « le développement de l'imagination, la rigueur et la précision ainsi que le goût du raisonnement » (programmes 2008).

Une organisation par domaines mathématiques

La structure de ce fichier permet de garantir pleinement la liberté pédagogique affirmée dans les programmes 2008. Il se compose de 75 chapitres, couvrant l'ensemble du programme, et organisés en six parties correspondant aux domaines des programmes.

Le calcul mental

Le calcul mental se traite essentiellement à l'oral : vous trouverez dans le guide du maître les exercices oraux et l'explicitation des procédures usuelles. Pour compléter ces moments d'apprentissage, la partie **« Vers le calcul mental »** du fichier propose des exercices d'entraînement à faire à l'écrit, qui permettent de systématiser les procédures.

Des chapitres structurés

Dans les autres domaines, chaque chapitre est constitué :
- d'une **situation de recherche** (*Cherchons*) assurant une entrée dans la compétence par la réflexion, l'observation et l'échange autour de questions qui conduisent chaque élève vers le nouvel apprentissage ;
- d'une **leçon**, qui est à la fois une institutionnalisation permettant aux élèves de structurer leur apprentissage et une synthèse constituant un référent auquel ils pourront se reporter à tout moment ;
- de **nombreux exercices progressifs** permettant d'entraîner et consolider chaque compétence des programmes.

Le fichier

Ce nouveau support, à utiliser soit en complément du manuel, soit seul, permettra aux élèves qui ont des besoins spécifiques d'accéder aux situations mathématiques même les plus complexes en s'affranchissant des difficultés liées aux tâches annexes de manipulation d'un manuel. Ce fichier conserve les leçons identiques à celles du manuel afin de respecter la cohérence de la collection « Outils pour les maths ». Ainsi vous pouvez, si vous le souhaitez, utiliser le manuel pour certains élèves et le fichier pour d'autres, tout en les accompagnant avec la même situation de recherche et en gardant la même trace de la séance.

En naviguant dans le fichier « Outils pour les maths », vous pourrez exercer pleinement votre liberté pédagogique et adapter la mise en œuvre des apprentissages aux besoins de vos élèves. Associé aux éléments didactiques du guide du maître, ce fichier a été conçu pour répondre à vos attentes.

Les auteurs

Sommaire

Vers le calcul mental

Nombres

Calcul

Géométrie

Grandeurs et mesures

Organisation et gestion de données

Proposition de programmation

	Calcul mental	Nombres
Période 1	• Ajouter 1, 2, 3 ou 5 à des nombres inférieurs à 200 • Enlever 1, 2 ou 3 à des nombres inférieurs à 200 • Ajouter 10 ou 100 à des nombres inférieurs à 200 • Enlever 10 ou 100 à des nombres inférieurs à 200	• Réviser les nombres jusqu'à 99 • Lire et écrire les nombres jusqu'à 199 • Décomposer les nombres jusqu'à 199 • Comparer, ranger et encadrer les nombres jusqu'à 199 • Problèmes : les nombres jusqu'à 199 • Écrire des suites de nombres • Comprendre la numération de position : les échanges
Période 2	• Utiliser les compléments à 10 pour calculer rapidement (nombres inférieurs à 200) (sommes et différences) • Ajouter des dizaines entières à des nombres inférieurs à 200 • Enlever des dizaines ou des centaines entières à des nombres inférieurs à 200	• Lire et écrire les nombres jusqu'à 1 000 • Décomposer les nombres jusqu'à 1 000 • Repérer et placer les nombres jusqu'à 1 000 sur une droite graduée • Comparer, ranger et encadrer les nombres jusqu'à 1 000 • Problèmes : les nombres jusqu'à 1 000
Période 3	• Ajouter 10, 9 ou 11 à des nombres inférieurs à 200 • Enlever 10, 9 ou 11 à des nombres inférieurs à 200 • Connaître les doubles et moitiés d'usage courant • Mémoriser la table de multiplication par 2, par 5	• Entraînement et consolidation
Période 4	• Ajouter 1, 2, 3 ou 5 à des nombres inférieurs à 1 000 • Enlever 1, 2 ou 3 à des nombres inférieurs à 1 000 • Ajouter 10 ou 100 à des nombres inférieurs à 1 000 • Enlever 10 ou 100 à des nombres inférieurs à 1 000 • Mémoriser la table de multiplication par 3, par 4	
Période 5	• Ajouter 10, 9 ou 11 à des nombres inférieurs à 1 000 • Enlever 10, 9 ou 11 à des nombres inférieurs à 1 000 • Ajouter des dizaines ou des centaines entières à des nombres inférieurs à 1 000 • Enlever des dizaines ou des centaines entières à des nombres inférieurs à 1 000 • Utiliser les compléments à 10 et à 100 pour calculer rapidement (nombres inférieurs à 1 000) (sommes et différences) • Mémoriser les tables de multiplication par 2, par 3, par 4 et par 5	

Ce tableau donne un exemple de répartition, par périodes, des compétences du programme du CE1. Les compétences abordées durant une période devront être réactivées et retravaillées si nécessaire pendant les périodes suivantes.

Calcul	Géométrie	Grandeurs et mesures	Organisation et gestion de données
• Comprendre le sens de l'addition et de la soustraction • Choisir la bonne opération • Additionner deux nombres • Problèmes : l'addition, la soustraction	• Situer un objet, donner sa position • Repérer des cases, des nœuds d'un quadrillage	• Mesurer des segments, des distances	
• Soustraire deux nombres	• Décrire un déplacement	• Connaître les relations entre euro et centime d'euro	• Utiliser un tableau
• Comprendre le sens de la multiplication • Multiplier deux nombres • Problèmes : l'addition, la soustraction, la multiplication	• Connaître le vocabulaire géométrique (point, droite, segment, côté, sommet, angle) • Percevoir et reconnaître l'alignement et l'angle droit • Décrire un carré, un rectangle, un triangle rectangle	• Utiliser le calendrier	• Utiliser un graphique
• Diviser pour partager ou grouper • Problèmes : partage et groupements	• Reproduire et tracer un carré, un rectangle, un triangle rectangle	• Connaître les relations entre m et cm, m et km • Connaître les relations entre kg et g	• Organiser les informations d'un énoncé
• Diviser par 2 ou 5 • Utiliser les fonctions de base de la calculatrice	• Percevoir et reconnaître l'axe de symétrie d'une figure • Reconnaître, nommer et décrire des solides droits : cube, pavé	• Connaître une unité de contenance : le litre • Connaître les relations entre heure et minute • Lire l'heure	

Calculer mentalement des sommes (1)

Entraînement individuel écrit pour **préparer ou renforcer les exercices collectifs oraux** proposés dans le guide du maître.

Ajouter 1, 2, 3 ou 5 à des nombres inférieurs à 200

1 Ajoute 1.

a 13 → ....
16 → ....
39 → ....
45 → ....
69 → ....

b 79 → ....
124 → ....
159 → ....
191 → ....
127 → ....

2 Ajoute 2.

a 26 → ....
47 → ....
78 → ....
39 → ....
32 → ....

b 68 → ....
108 → ....
179 → ....
148 → ....
119 → ....

3 Ajoute 3.

a 20 → ....
41 → ....
52 → ....
63 → ....
16 → ....

b 47 → ....
29 → ....
57 → ....
38 → ....
69 → ....

4 Ajoute 5.

a 4 → ....
3 → ....
7 → ....
9 → ....
2 → ....

b 10 → ....
41 → ....
32 → ....
24 → ....
53 → ....

c 45 → ....
29 → ....
75 → ....
48 → ....
39 → ....

d 123 → ....
181 → ....
136 → ....
173 → ....
134 → ....

Ajouter 1, 2 ou 5 à des nombres inférieurs à 1 000

5 Ajoute 1.

a 354 → ....
867 → ....
470 → ....
705 → ....
283 → ....

b 419 → ....
279 → ....
499 → ....
309 → ....
699 → ....

6 Ajoute 2.

a 134 → ....
295 → ....
346 → ....
503 → ....
427 → ....

b 208 → ....
789 → ....
458 → ....
869 → ....
698 → ....

7 Ajoute 5.

a 394 → ....
873 → ....
914 → ....
721 → ....
512 → ....

b 508 → ....
639 → ....
425 → ....
806 → ....
987 → ....

Ajouter 10, 9 ou 11 à des nombres inférieurs à 200

8 Ajoute 10.

50 → ....
84 → ....

170 → ....
182 → ....

9 Ajoute 9.

a 18 → ....
45 → ....
70 → ....
19 → ....

b 134 → ....
176 → ....
125 → ....
185 → ....

10 Ajoute 11.

a 9 → ....
15 → ....
43 → ....

b 101 → ....
186 → ....
137 → ....

11

Quelle somme Paolo a-t-il économisée ?

....

Ajouter 10, 9 ou 11 à des nombres inférieurs à 1 000

12 Ajoute 10.

264 → .... 495 → ....
751 → .... 989 → ....

13 Ajoute 9.

320 → .... 853 → ....
172 → .... 436 → ....

14 Ajoute 11.

207 → .... 456 → ....
333 → .... 637 → ....

Ajouter 10 ou 100 à des nombres inférieurs à 200

15 Ajoute 10.

a 65 → ....
81 → ....
7 → ....

b 103 → ....
165 → ....
100 → ....

16 Ajoute 100.

70 → .... 29 → ....
60 → .... 17 → ....

Ajouter 10 ou 100 à des nombres inférieurs à 1 000

17 Ajoute 10.

a 260 → ....
400 → ....
780 → ....

b 564 → ....
293 → ....
590 → ....

18 Ajoute 100.

a 200 → ....
800 → ....
100 → ....

b 574 → ....
293 → ....
601 → ....

19 Ajoute une centaine et une dizaine.

231 → .... 528 → ....
405 → .... 627 → ....

Résoudre des petits problèmes

20 Écris le nombre total de papillons.

....

21 Écris le résultat.

a J'ai 8 pions dans mon enveloppe.
J'en ajoute 5. ....

b J'ai 19 pions dans mon enveloppe.
J'en ajoute 9. ....

c J'ai 92 pions dans mon enveloppe.
J'en ajoute 10. ....

22 J'ai des pions dans mon enveloppe. J'en ajoute 5, maintenant il y en a 17 en tout. **Combien de pions avais-je avant ?**

....

Calculer mentalement des sommes (2)

Entraînement individuel écrit pour **préparer ou renforcer les exercices collectifs oraux** proposés dans le guide du maître.

Ajouter des dizaines entières à des nombres inférieurs à 200

1 Ajoute 20.

a
5 → ....
25 → ....
13 → ....
6 → ....
58 → ....

b
20 → ....
60 → ....
50 → ....
130 → ....
180 → ....

2 Ajoute 50.

a
3 → ....
14 → ....
11 → ....
8 → ....
27 → ....

b
20 → ....
50 → ....
70 → ....
130 → ....
110 → ....

Ajouter des dizaines ou des centaines entières à des nombres inférieurs à 1 000

3 Ajoute 20.

a
240 → ....
410 → ....
180 → ....
150 → ....
370 → ....

b
583 → ....
146 → ....
680 → ....
261 → ....
494 → ....

4 Qu'indiquera la balance quand l'agriculteur aura posé sa caisse ?

....

5 Ajoute 50.

a
120 → ....
350 → ....
540 → ....
230 → ....
410 → ....

b
624 → ....
303 → ....
197 → ....
451 → ....
725 → ....

6 Ajoute 200.

a
4 → ....
23 → ....
17 → ....
62 → ....
9 → ....

b
471 → ....
353 → ....
500 → ....
715 → ....
690 → ....

7 Ajoute 500.

a
10 → ....
80 → ....
30 → ....
6 → ....
45 → ....

b
382 → ....
400 → ....
181 → ....
107 → ....
320 → ....

Utiliser les compléments à 10 pour calculer rapidement (nombres inférieurs à 200)

8 Trouve le complément à la dizaine supérieure.

8 → ....
1 → ....
7 → ....
6 → ....
35 → ....
77 → ....
25 → ....

68 → ....
42 → ....
134 → ....
198 → ....
157 → ....
123 → ....
171 → ....

9 Entoure les deux nombres que tu regroupes et calcule.

1 + 9 + 4 = ... 159 + 1 + 7 = ...
8 + 2 + 5 = ... 154 + 6 + 6 = ...
25 + 6 + 5 = ... 123 + 3 + 7 = ...
47 + 3 + 9 = ... 176 + 5 + 4 = ...

10 Décompose les nombres pour calculer.

a 38 + 4 = ...
b 27 + 9 = ...
c 184 + 7 = ...

Utiliser les compléments à 10 et à 100 pour calculer rapidement (nombres inférieurs à 1 000)

11 Trouve le complément à la dizaine supérieure.

a 226 → .... b 151 → ....
292 → .... 365 → ....

12 Trouve le complément à la centaine supérieure.

a 90 → .... b 340 → ....
72 → .... 510 → ....
30 → .... 680 → ....
51 → .... 250 → ....
48 → .... 470 → ....

13 Entoure les deux nombres que tu regroupes et calcule.

175 + 5 + 6 = ... 650 + 3 + 7 = ...
352 + 8 + 6 = ... 233 + 7 + 2 = ...
356 + 5 + 4 = ... 827 + 9 + 3 = ...

Déterminer un ordre de grandeur

14 Entoure le nombre qui est le plus proche du résultat.

a 30 + 35 → 40 60
b 63 + 63 → 100 120

15 Entoure le nombre qui est le plus proche du résultat.

a 105 + 38 → 140 180
b 205 + 75 → 200 300

Résoudre des petits problèmes

16 Retrouve le nombre de bulletins de vote qu'il y avait dans l'urne avant qu'on ne l'ouvre.

....

17 Retrouve le nombre auquel je pense.

a Je pense à un nombre. Je lui ajoute 9. Je trouve 14.

....

b Je pense à un nombre. Je lui ajoute 10. Je trouve 37.

....

18

Combien doit-on payer pour un repas composé d'une salade, un plat de lasagnes et une salade de fruits ?

....

Calculer mentalement des différences (1)

Entraînement individuel écrit pour **préparer ou renforcer les exercices collectifs oraux** proposés dans le guide du maître.

Enlever 1, 2 ou 3 à des nombres inférieurs à 200

1 Enlève 1 à ces nombres.

a		b	
8 →	....	120 →	....
15 →	....	153 →	....
11 →	....	170 →	....
27 →	....	190 →	....
69 →	....	165 →	....

2 Enlève 2 à ces nombres.

a		b	
6 →	....	60 →	....
4 →	....	184 →	....
82 →	....	135 →	....
47 →	....	102 →	....
61 →	....	110 →	....

3 Enlève 3 à ces nombres.

a		b	
4 →	....	83 →	....
12 →	....	45 →	....
15 →	....	50 →	....
9 →	....	63 →	....
17 →	....	72 →	....

Enlever 1 ou 2 à des nombres inférieurs à 1000

4 Enlève 1 à ces nombres.

a		b	
217 →	....	350 →	....
308 →	....	400 →	....
512 →	....	860 →	....
782 →	....	200 →	....
964 →	....	490 →	....

5 Enlève 2 à ces nombres.

a		b	
46 →	....	760 →	....
97 →	....	480 →	....
148 →	....	900 →	....
203 →	....	870 →	....
127 →	....	600 →	....

Enlever 10, 9 ou 11 à des nombres inférieurs à 200

6 Enlève 10 à ces nombres.

a		b	
60 →	....	163 →	....
56 →	....	188 →	....
94 →	....	120 →	....
71 →	....	110 →	....
49 →	....	103 →	....

7 Combien restera-t-il dans le porte-monnaie après l'achat du T-shirt ?

....

8 Enlève 9 à ces nombres.

a		b	
19 →	....	139 →	....
95 →	....	116 →	....
18 →	....	147 →	....
27 →	....	158 →	....
49 →	....	104 →	....

9 Enlève 11 à ces nombres.

18 →	....	22 →	....
107 →	....	139 →	....

Enlever 10, 9 ou 11 à des nombres inférieurs à 1 000

10 Enlève 10 à ces nombres.

364 → .... 300 → ....

989 → .... 724 → ....

11 Enlève 9 à ces nombres.

829 → .... 438 → ....

544 → .... 203 → ....

12 Enlève 11 à ces nombres.

721 → .... 211 → ....

584 → .... 401 → ....

Enlever 10 ou 100 à des nombres inférieurs à 200

13 Enlève 10 à ces nombres.

14 → .... 195 → ....

80 → .... 153 → ....

14 Enlève 100 à ces nombres.

a 180 → ....
170 → ....
120 → ....
140 → ....
110 → ....

b 131 → ....
109 → ....
123 → ....
181 → ....
154 → ....

Enlever 10 ou 100 à des nombres inférieurs à 1 000

15 Enlève 10 à ces nombres.

374 → .... 200 → ....

908 → .... 610 → ....

16 Enlève 100 à ces nombres.

750 → .... 923 → ....

658 → .... 701 → ....

Résoudre des petits problèmes

17 Il y avait 32 chocolats dans la boîte.

Combien Théo a-t-il mangé de chocolats ?

....

18 Écris le résultat.

a J'ai 19 pions dans mon enveloppe.
J'en enlève 9.

....

b J'ai 36 pions dans mon enveloppe.
J'en enlève 10.

....

c J'ai 100 pions dans mon enveloppe.
J'en enlève 30.

....

19 Écris le résultat.

a J'ai des pions dans mon enveloppe.
J'en enlève 3, maintenant il y en a 17 en tout. **Combien de pions avais-je avant ?**

....

b J'ai des pions dans mon enveloppe.
J'en enlève 10, maintenant il y en a 29 en tout. **Combien de pions avais-je avant ?**

....

20 Simon a 13 ans. Il en a 5 de moins que sa sœur Lucie. **Quel âge a Lucie ?**

....

21 Théo a 12 ans. Son frère Hugo en a 6.
Quelle est leur différence d'âge ?

....

Calculer mentalement des différences (2)

Entraînement individuel écrit pour **préparer ou renforcer les exercices collectifs oraux** proposés dans le guide du maître.

Enlever des dizaines ou des centaines entières à des nombres inférieurs à 200

1 Enlève 20 à ces nombres.

a 24 → ....
23 → ....
46 → ....

b 60 → ....
50 → ....
80 → ....

c 130 → ....
110 → ....
100 → ....

d 193 → ....
165 → ....
119 → ....

2 Enlève 100 à ces nombres.

a 103 → ....
140 → ....
190 → ....
108 → ....
105 → ....

b 144 → ....
167 → ....
138 → ....
173 → ....
156 → ....

Enlever des dizaines ou des centaines entières à des nombres inférieurs à 1 000

3 Enlève 20 à ces nombres.

a 620 → ....
770 → ....
840 → ....
550 → ....

b 783 → ....
275 → ....
436 → ....
519 → ....

4 Enlève 50 à ces nombres.

a 100 → ....
850 → ....
450 → ....
500 → ....

b 451 → ....
197 → ....
864 → ....
102 → ....

5 Enlève 200 à ces nombres.

a 250 → ....
203 → ....
316 → ....

b 340 → ....
682 → ....
404 → ....

6 Calcule :

a 637 – 300 = ...

b 945 – 400 = ...

c 729 – 600 = ...

7 Combien de mètres Mathieu doit-il parcourir pour aller à la mairie ?

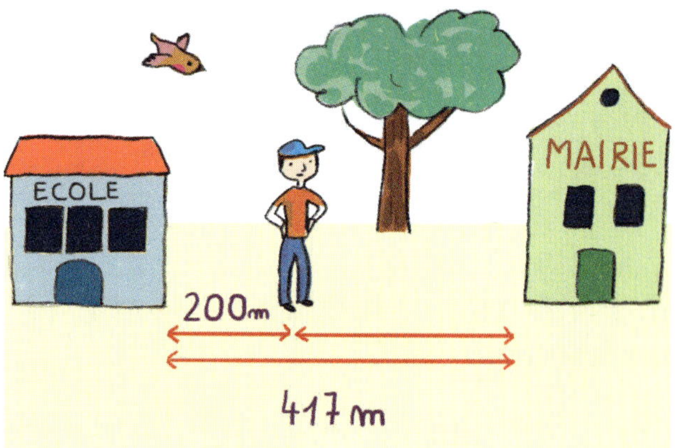

....

8 Enlève 500 à ces nombres.

a 503 → ....
540 → ....
505 → ....
570 → ....

b 523 → ....
616 → ....
851 → ....
745 → ....

Utiliser les compléments à 10 et à 100 pour calculer rapidement (nombres inférieurs à 200)

9 Combien pour aller à 10 ?

a 6 → ....
5 → ....
3 → ....

b 2 → ....
8 → ....
4 → ....

10 Combien pour aller à 100 ?

a 50 → ....
70 → ....
90 → ....

b 79 → ....
49 → ....
99 → ....

Utiliser les compléments à 10, à 100 et à 1 000 pour calculer rapidement (nombres inférieurs à 1 000)

11 Combien pour aller à 1 000 ?

a 500 → .... b 250 → ....
700 → .... 450 → ....
900 → .... 50 → ....

12 Calcule.

50 – 4 = ... 100 – 60 = ...
140 – 5 = ... 100 – 90 = ...
120 – 8 = ... 100 – 30 = ...

Déterminer un ordre de grandeur

13 Entoure le nombre qui est le plus proche du résultat.

a 37 – 10 → 10 30
b 48 – 10 → 40 50
c 63 – 10 → 50 70

14 Entoure le nombre qui est le plus proche du résultat.

a 140 – 38 → 100 180
b 190 – 42 → 150 200
c 290 – 70 → 200 300

Résoudre des petits problèmes

15 À la fête foraine, la grande roue comporte 160 places. 50 sont occupées.

Combien de places sont libres ? ....

16 Retrouve le nombre auquel je pense.

a Je pense à un nombre. Je lui enlève 4. Je trouve 15.

....

b Je pense à un nombre. Je lui enlève 10. Je trouve 34.

....

c Je pense à un nombre. Je lui enlève 5. Je trouve 105.

....

17 a Hugo est maintenant sur la case 11 et ses dés indiquent 7.

Sur quelle case était-il au départ ? ....

b Benjamin est sur la case 22 et ses dés indiquent 11.

Sur quelle case était-il au départ ? ....

18 Complète.

a 80 –(– 10)→ .... –(– 5)→ .... –(– 10)→ ....

b 72 –(– 2)→ .... –(– 10)→ .... –(– 5)→ ....

c 164 –(– 100)→ .... –(– 10)→ .... –(– 4)→ ....

d 137 –(– 20)→ .... –(– 10)→ .... –(– 100)→ ....

e 103 –(– 10)→ .... –(– 3)→ .... –(– 50)→ ....

Connaître les doubles et les moitiés d'usage courant

Entraînement individuel écrit pour **préparer ou renforcer les exercices collectifs oraux** proposés dans le guide du maître.

1 Retrouve le résultat parmi ceux qui sont proposés et écris-le.

0 2 4 6 8 10
12 14 16 18 20

3 + 3 = ...
0 + 0 = ...
8 + 8 = ...
1 + 1 = ...
7 + 7 = ...
9 + 9 = ...

2 + 2 = ...
4 + 4 = ...
6 + 6 = ...
10 + 10 = ...
5 + 5 = ...

2 Écris le double de ces nombres.

a 6 → ....
3 → ....
2 → ....

b 10 → ....
7 → ....
4 → ....

3 Écris le résultat.

2 fois 9 = ...
2 fois 0 = ...
2 fois 1 = ...
2 fois 5 = ...

2 fois 4 = ...
2 fois 7 = ...
2 fois 6 = ...
2 fois 8 = ...

4 Écris le double de ces nombres.

a 50 → ....
30 → ....
200 → ....
40 → ....

b 80 → ....
70 → ....
90 → ....
400 → ....

5 Écris le double de ces nombres.

a 5 → ....
25 → ....
45 → ....

b 55 → ....
15 → ....
85 → ....

6 Associe chaque nombre à son double.

75 •	• 200
100 •	• 50
25 •	• 100
50 •	• 150

7 Écris le résultat du partage de ces collections entre 2 enfants.

a 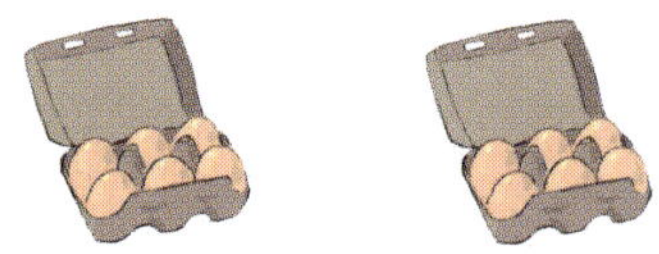 ....

b  ....

c 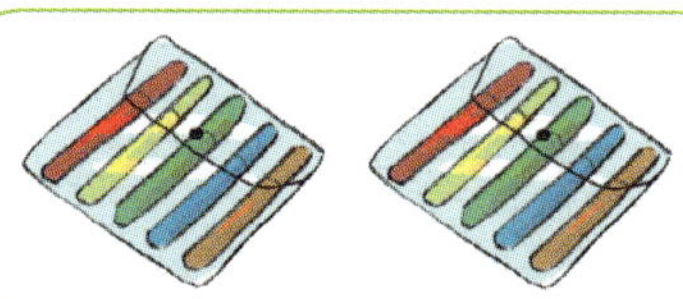 ....

8 Écris la moitié de :

a 20 → ....
14 → ....
8 → ....
6 → ....
12 → ....

b 18 → ....
2 → ....
4 → ....
16 → ....
10 → ....

9 Écris la moitié de :

a 80 → ....
40 → ....
20 → ....

b 120 → ....
140 → ....
180 → ....

10 Écris la moitié de :

a
10 ➜ ....
30 ➜ ....
50 ➜ ....

b
110 ➜ ....
130 ➜ ....
150 ➜ ....

11 Écris le résultat.

a 6 divisé par 2 ➜ ....
12 divisé par 2 ➜ ....

b 20 divisé par 2 ➜ ....
14 divisé par 2 ➜ ....

c 18 divisé par 2 ➜ ....
8 divisé par 2 ➜ ....

12 Écris le résultat.

20 : 2 = ...
4 : 2 = ...
2 : 2 = ...
8 : 2 = ...

14 : 2 = ...
16 : 2 = ...
10 : 2 = ...
12 : 2 = ...

13 **a** Lucas a 7 ans ; son cousin en a le double. **Quel âge a son cousin ?**

....

b Hugo a 9 ans ; son cousin en a le double. **Quel âge a son cousin ?**

....

14 **a** Léa a lu 20 livres ; Morgane en a lu la moitié.
Combien de livres Morgane a-t-elle lus ?

....

b Stéphanie a lu 16 livres ; Lisa en a lu la moitié.
Combien de livres Lisa a-t-elle lus ?

....

c Lilou a lu 18 livres ; Mathilde en a lu la moitié.
Combien de livres Mathilde a-t-elle lus ?

....

15 Écris le nombre d'œufs pondus par an par chaque reptile.

a

L'iguane à bandes de Fidji

8 œufs

Le monstre de Gila

la moitié

....

b

Le gavial du Gange

50 œufs

La tortue olivâtre

le double

....

c

Le gecko léopard

12 œufs

Le gecko à queue plate

la moitié

....

d

Le dragon volant

5 œufs

Le crocodile nain

le double

....

e

Le dragon barbu

le double du crocodile nain

....

Mémoriser la table de multiplication par 2, par 5

Entraînement individuel écrit pour **préparer ou renforcer les exercices collectifs oraux** proposés dans le guide du maître.

Mémoriser la table de multiplication par 2

1 Construis la table de multiplication par 2 en complétant les cases blanches.

Le gris clair correspond aux résultats que tu connais déjà. Tu peux remplir ces cases si tu as besoin.

×	1	2	3	4	5	6	7	8	9
1									
2									
3									
4									
5									
6									
7									
8									
9									

2 Retrouve le résultat parmi ceux qui sont proposés et écris-le.

4 0 16 6 20 2

18 10 8 12 14

$1 \times 2 =$ .... $2 \times 2 =$ ....

$3 \times 2 =$ .... $4 \times 2 =$ ....

$5 \times 2 =$ .... $6 \times 2 =$ ....

$7 \times 2 =$ .... $8 \times 2 =$ ....

$9 \times 2 =$ .... $10 \times 2 =$ ....

$0 \times 2 =$ ....

3 Complète chaque égalité.

.... $\times 2 = 10$ .... $\times 2 = 12$

.... $\times 2 = 14$ .... $\times 2 = 8$

.... $\times 2 = 4$ .... $\times 2 = 16$

4 **a** En 6, combien de fois 2 ? ....

b En 20, combien de fois 2 ? ....

5 **a** En 18, combien de fois 2 ? ....

b En 2, combien de fois 2 ? ....

6 Écris la multiplication qui va avec chaque résultat.

20 = ... × ....

16 = ... × ....

4 = ... × ....

12 = ... × ....

8 = ... × ....

10 = ... × ....

7 Combien de steaks faut-il pour préparer 7 sandwichs ?

....

8 J'achète 2 paquets de 8 biscuits.
Combien ai-je de biscuits ?

....

9 Il y a 14 joueurs sur le terrain.
Combien y a-t-il d'équipes de 7 ? ....

Mémoriser la table de multiplication par 5

10 Construis la table de multiplication par 5 en complétant les cases blanches.

Le gris clair correspond aux résultats que tu connais déjà. Tu peux remplir ces cases si tu as besoin.

×	1	2	3	4	5	6	7	8	9
1									
2									
3									
4									
5									
6									
7									
8									
9									

11 Retrouve le résultat parmi ceux qui sont proposés et écris-le.

40 0 25 5 30 50

35 10 15 20 45

$1 \times 5 =$ .... $2 \times 5 =$ ....

$3 \times 5 =$ .... $4 \times 5 =$ ....

$5 \times 5 =$ .... $6 \times 5 =$ ....

$7 \times 5 =$ .... $8 \times 5 =$ ....

$9 \times 5 =$ .... $10 \times 5 =$ ....

$0 \times 5 =$ ....

12 Complète chaque égalité.

.... $\times 5 = 10$ .... $\times 5 = 15$

.... $\times 5 = 0$ .... $\times 5 = 20$

.... $\times 5 = 30$ .... $\times 5 = 5$

.... $\times 5 = 40$ .... $\times 5 = 45$

13 **a** En 50, combien de fois 5 ?

....

b En 20, combien de fois 5 ?

....

14 **a** En 25, combien de fois 5 ?

....

b En 35, combien de fois 5 ?

....

15 Combien ces 5 personnes vont-elles payer en tout ?

....

Mémoriser les tables de multiplication par 2 et par 5

16 Écris le résultat.

$5 \times 2 =$ .... $8 \times 5 =$ ....

$3 \times 5 =$ .... $6 \times 2 =$ ....

$3 \times 2 =$ .... $5 \times 5 =$ ....

$4 \times 5 =$ .... $4 \times 2 =$ ....

Mémoriser la table de multiplication par 3, par 4

Entraînement individuel écrit pour **préparer ou renforcer les exercices collectifs oraux** proposés dans le guide du maître.

Mémoriser la table de multiplication par 3

1 Construis la table de multiplication par 3 en complétant les cases blanches.

Le gris clair correspond aux résultats que tu connais déjà. Tu peux remplir ces cases si tu as besoin.

×	1	2	3	4	5	6	7	8	9
1									
2									
3									
4									
5									
6									
7									
8									
9									

2 Retrouve le résultat parmi ceux qui sont proposés et écris-le.

3 0 15 21 30 6

27 24 18 12 9

1 × 3 = ... 2 × 3 = ...

3 × 3 = ... 4 × 3 = ...

5 × 3 = ... 6 × 3 = ...

7 × 3 = ... 8 × 3 = ...

9 × 3 = ... 10 × 3 = ...

0 × 3 = ...

3 Complète chaque égalité.

.... × 3 = 6 .... × 3 = 12

.... × 3 = 9 .... × 3 = 21

.... × 3 = 15 .... × 3 = 3

.... × 3 = 27 .... × 3 = 18

4 **a** En 18, combien de fois 3 ? ....

....

b En 24, combien de fois 3 ? ....

....

5 Combien pèseront 4 sacs de pommes ?

....

6 J'ai 21 roses. Je veux faire 3 bouquets identiques.

Combien dois-je mettre de roses dans chaque bouquet ?

....

Mémoriser la table de multiplication par 4

7 Construis la table de multiplication par 4 en complétant les cases blanches.

Le gris clair correspond aux résultats que tu connais déjà. Tu peux remplir ces cases si tu as besoin.

×	1	2	3	4	5	6	7	8	9
1									
2									
3									
4									
5									
6									
7									
8									
9									

8 Retrouve le résultat parmi ceux qui sont proposés et écris-le.

40 0 24 4 28 32

36 12 16 20 8

1 × 4 = ……………… 2 × 4 = ……………………
3 × 4 = ……………… 4 × 4 = ……………………
5 × 4 = ……………… 6 × 4 = ……………………
7 × 4 = ……………… 8 × 4 = ……………………
9 × 4 = ……………… 10 × 4 = ……………………
0 × 4 = ………………

9 Complète chaque égalité.

……………… × 4 = 4 ……………… × 4 = 16
……………… × 4 = 32 ……………… × 4 = 28

10 **a** En 40, combien de fois 4 ?

…………………………………………………………

b En 16, combien de fois 4 ?

…………………………………………………………

11 Écris la multiplication qui va avec chaque résultat.

24 = ……………………… × ………………………
12 = ……………………… × ………………………
20 = ……………………… × ………………………
28 = ……………………… × ………………………
16 = ……………………… × ………………………
40 = ……………………… × ………………………

12 Combien faut-il de packs pour avoir 36 yaourts ? …………

13 M. Dupont change tous les pneus de 3 voitures.
Combien de pneus va-t-il changer ?

…………………………………………………………

Mémoriser les tables de multiplication par 2, par 3, par 4 et par 5

14 Écris le résultat.

7 × 3 = ……………… 8 × 3 = ……………………
4 × 4 = ……………… 7 × 5 = ……………………
0 × 5 = ……………… 9 × 2 = ……………………
6 × 5 = ……………… 8 × 5 = ……………………
8 × 2 = ……………… 6 × 4 = ……………………

ntal

Réviser les nombres jusqu'à 99 (1)

Théo et Lucas ont trouvé un vieux jeu de l'oie dans le grenier, mais certaines cases sont effacées. Lucas est sur la case 85 et il a fait 6 aux dés.

Cherchons

→ **Théo a-t-il raison ? Comment le sais-tu ?**

- Quand je veux écrire un nombre en lettres, je le dis dans ma tête et j'écris dans l'ordre chaque mot que j'entends. Je n'oublie pas de mettre un **tiret** entre chaque mot.
  Ex. : Pour écrire 93, je le dis dans ma tête (ça fait trois mots) et je l'écris : *quatre-vingt-treize.*
- Pour écrire tous les nombres jusqu'à 99, je dois connaître **par cœur** tous ces mots :
  un, deux, trois, quatre, cinq, six, sept, huit, neuf, dix, onze, douze, treize, quatorze, quinze, seize, vingt, trente, quarante, cinquante, soixante, et.

Lire et écrire les nombres jusqu'à 99

1 Colorie l'étiquette qui correspond au nombre demandé.

a quatre-vingt-douze

80 812 92 8012

b quatre-vingt-six

96 86 426 46

c quarante-six

46 401 86 14

d soixante-treize

73 63 113 13

2 Écris ces nombres en chiffres.

quatre-vingt-treize → ....

quatre-vingts → ....

soixante-dix-huit → ....

3 Écris ces nombres en chiffres.

3 dizaines et 8 unités → ....

2 unités et 4 dizaines → ....

5 dizaines → ....

4 **En t'aidant des étiquettes, écris ces nombres en lettres.**

soixante vingt treize quatre trois neuf seize

a 93 → ....

b 76 → ....

5 **Colorie les nombres dans lesquels tu entends 6.**

76 36 16 26 61 86 96 46

6 **Complète.**

a

57	58	59	....	....	....	....	....

b

....	....	....	94	95	96	....	....

c

....	....	30	40	50	....	....	....

d

....	....	21	31	41	....	....	....

7 **Complète avec le nombre précédent et le nombre suivant.**

Ex. : ... – 28 – ... → 27 – 28 – 29

a .... – 69 – ....

b .... – 80 – ....

c .... – 89 – ....

d .... – 75 – ....

e .... – 49 – ....

f .... – 60 – ....

8 **Complète avec les nombres manquants.**

a 47 – .... – .... – .... – .... – 52

b 89 – .... – .... – .... – .... – 94

9 **Écris en lettres.**

83 → ....

10 **Quel est le nombre choisi par Léo ? par Lise ? par Manon ?**

→ .... → .... → ....

Réviser les nombres jusqu'à 99 (2)

0	1	2	3	4	5	6	7	8	9
10	11	12	13	14	15	16	17	18	19
20	21	22	23	24	25	26	27	28	29
30	31	32	33	34	35	36	37	38	39
40	41	42	43	44	45	46	47	48	49
50	51	52	53	54	55	56	57	58	59
60	61	62	63	64	65	66	67	68	69
70	71	72	73	74	75	76	77	78	79
80	81	82	83	84	85	86	87	88	89
90	91	92	93	94	95	96	97	98	99

Cherchons

→ **À toi de jouer. J'ai choisi un nombre dans ma tête ; il est dans la famille des « soixante » ; il a huit unités. Est-ce que tu l'as deviné ?**

→ **Tu penses à 92 : comment pourrais-tu le faire deviner ?**

- Dans les unités, il y a dix nombres : 0, 1, 2, 3, 4, 5, 6, 7, 8 et 9.
  Dans le tableau des nombres, il y a la famille des 10, celle des 20…
- Quand on lit le tableau des nombres, sur les **lignes**, on compte **de 1 en 1**.
  Ex. : | 50 | 51 | 52 |
  Dans les **colonnes**, on compte **de 10 en 10**. Ex. : 3 / 13 / 23

Cela permet de savoir que 48 est fabriqué avec 40 et 8.
On écrit : 48 = 40 + 8.
Pour comparer des nombres, on peut les repérer dans le tableau.

12 < 18   42 > 39

Décomposer les nombres jusqu'à 99

1 Décompose ces nombres.

Ex. : 92 = 90 + 2

a 54 = ... + ...

b 74 = ... + ...

2 Écris ces nombres.

Ex. : 40 + 8 = 48

a 30 + 6 = ...

b 7 + 50 = ...

3 Écris la somme d'argent que possède chaque enfant.

a 

Lucas ....

b 

Rémi ....

Repérer et placer les nombres jusqu'à 99

4 Colorie chaque nombre de la couleur de son emplacement sur la file numérique.

54 | 37 | 73 | 67

20 – 30 – 40 – 50 – 60 – 70 – 80 – 90

5 Même exercice.

83 | 51 | 78 | 84 | 69

50 – 55 – 60 – 65 – 70 – 75 – 80 – 85

Comparer, ranger, encadrer les nombres jusqu'à 99

6 Range ces nombres dans l'ordre croissant.

57 – 67 – 54 – 89 – 73 – 96

....

7 Complète avec les signes < ou >.

a 70 .... 67 **b** 76 .... 67 **c** 89 .... 90 **d** 58 61

8 Encadre par le nombre précédent et le nombre suivant.

a .... < 28 < .... **b** .... < 79 < .... **c** .... < 60 < ....

9 Colorie les nombres compris entre 46 et 71.

18 | 55 | 64 | 57 | 63 | 70 | 72 | 85 | 76

10 Enzo a 85 coquillages, Jade en a 91 et Baptiste 73.

Qui a le plus de coquillages ?

....

Lire et écrire les nombres jusqu'à 199 (1)

Cherchons

→ **Complète la suite de Louis jusqu'à 118.**

→ **Complète la suite de Camille jusqu'à 190.**

Après 99, il y a 100. Dans la famille des 100, les nombres comportent toujours 3 chiffres.

1 Complète le tableau des nombres.

100	101	102	103		105				
110	111								
120									
130									
140									
150									
160	161								
170									
180									
190									

2 Complète avec les trois nombres suivants.

a 99 – .... – .... – ....

b 108 – .... – .... – ....

c 168 – .... – .... – ....

d 179 – .... – .... – ....

3 Colorie l'étiquette qui correspond au nombre demandé.

a cent-trente-trois

10033 | 303 | 92 | 133

b cent-quatre-vingts

180 | 1420 | 108 | 142

c cent-quarante-cinq

10045 | 145 | 45 | 105

d cent-quatre

1004 | 104 | 140 | 410

4 En t'aidant des étiquettes, écris ces nombres en lettres.

soixante | sept | dix | cent

a 107 : ....

b 117 : ....

c 170 : ....

d 177 : ....

5 Écris les 10 nombres compris entre 100 et 199 qui se terminent par 5.

Le premier est 105.
À toi de trouver les autres…

....

....

6 Écris tous les nombres compris entre 100 et 199 qui ont 5 comme chiffre des dizaines.

....

....

7 Complète avec le nombre précédent et le nombre suivant.

Ex. : … – 121 – … → 120 – 121 – 122

a .... – 149 – ....

b .... – 180 – ....

c .... – 189 – ....

8 Écris le nombre choisi par chaque enfant.

Aurélia : ....

Kévin : ....

Victor : ....

Lire et écrire les nombres jusqu'à 199 (2)

Pierre, Tom, Max et Liam jouent au loto. Le premier qui a rempli sa grille a gagné.

Cherchons

→ **Qui est le gagnant ?**

- Pour lire ce nombre : ①54
  Je lis *cent* , puis je lis *cinquante-quatre*
- Pour écrire les nombres jusqu'à 199, j'ai besoin de savoir écrire les mots : *un, deux, trois, quatre, cinq, six, sept, huit, neuf, dix, onze, douze, treize, quatorze, quinze, seize, vingt, trente, quarante, cinquante, soixante, cent, et.*
- Quand j'écris le nombre, je mets des **tirets** entre chaque mot : *cent-cinquante-quatre*

1 Entoure le nombre restant de chaque grille.

a

	125		
113		156	
	128		183
118			

cent-vingt-huit,
cent-quatre-vingt-trois,
cent-dix-huit,
cent-vingt-cinq,
cent-treize

b

cent-cinq,
quatre-vingt-onze,
cent-quatre-vingt-dix-neuf,
cent-soixante-quatorze,
cent-six

	106		199
91			
	105	174	
93			

2 Écris ces nombres en chiffres.

a cent-cinquante-huit ➜ ....

b cent-quarante-et-un ➜ ....

c cent-soixante-dix-sept ➜ ....

d cent-quatre-vingt-douze ➜ ....

3 En t'aidant des étiquettes, écris ces nombres en lettres.

quatre   cinq   huit   vingt   cinquante   cent

a 185 ➜ ....

b 158 ➜ ....

4 Écris les nombres en chiffres et entoure le plus grand.

quatre-vingt-onze   cent-quatre-vingt-quinze   cent-quatre-vingt-douze

....

5 En utilisant deux étiquettes au minimum, écris 6 nombres plus petits que 199.

5   1   9   ....

6 Indique la couleur du sac de chaque enfant.

Mehdi ....   Marie ....   Sarah ....   Mika ....

7 Écris le nombre correspondant à chaque case verte.

130	131	132	133			......			139
140				......					......
150			......						
								......	
		......			......				
	......								
......							......		

8 Écris en chiffres 6 nombres possibles entre 100 et 199, avec le 4, qui s'entend toujours « quatre ».

....

Nombres

Comprendre la numération de position : les échanges

Après la fête de l'école, les élèves qui ont tenu les stands « Tombola » et « Glaces » comptent leur argent. Voici ce qu'ils ont :

Les élèves échangent des pièces contre des billets. Voici ce qu'ils ont après :

Cherchons

→ **Mehdi pense qu'on peut faire encore un échange : qu'en penses-tu ?**

- Une dizaine est égale à 10 unités. **1 d = 10 u**
  Une centaine est égale à 100 unités. **1 c = 100 u**
  Une centaine est égale à 10 dizaines. **1 c = 10 d**
- 153, c'est 1 centaine, 5 dizaines et 3 unités. C'est 100 + 50 + 3 ou 1c 5 d 3 u.
  102 peut s'écrire 100 + 2 ou 1c 2 u.

1 **Fais les échanges et écris le total gagné à chaque stand.**

	Contenu de la caisse avant les échanges	Contenu de la caisse après les échanges	Total
Stand maquillage	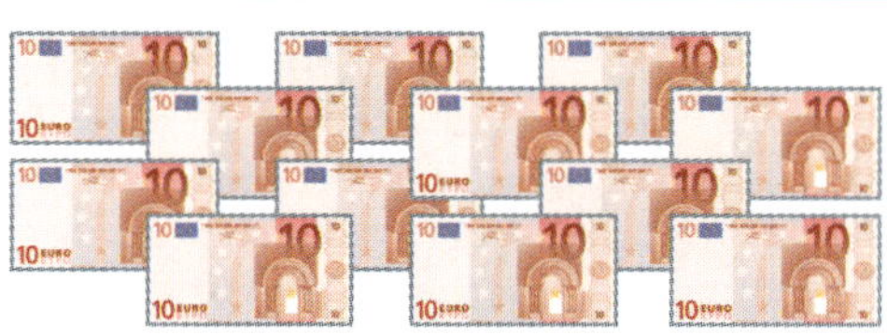	....	....
Stand jonglage		....	....

2 Remplis le tableau des échanges.

Avant les échanges	Dessin (si besoin)	Après les échanges	Total
5 billets de 10 € 17 pièces de 1 €		.... billet(s) de 100 € .... billet(s) de 10 € .... pièce(s) de 1 €	....
14 billets de 10 € 3 pièces de 1 €		.... billet(s) de 100 € .... billet(s) de 10 € .... pièce(s) de 1 €	....
1 billet de 100 € 15 pièces de 1 €		.... billet(s) de 100 € .... billet(s) de 10 € .... pièce(s) de 1 €	....
8 billets de 10 € 23 pièces de 1 €		.... billet(s) de 100 € .... billet(s) de 10 € .... pièce(s) de 1 €	....

3 Écris les nombres correspondants.

a 9d 3u → ....

b 4d → ....

c 1c 2d 7u → ....

d 1c 8u → ....

e 1c 3d → ....

f 13d → ....

4 Jade a 1 centaine de timbres d'Amérique et 24 timbres d'Afrique. Mathis a 9 dizaines de timbres d'Europe, 1 centaine de timbres d'Asie et 9 timbres d'Océanie.

a Combien Jade a-t-elle de timbres en tout ?

....

b Combien Mathis a-t-il de timbres en tout ?

....

c Qui a le plus de timbres ?

....

Nombres

Décomposer les nombres jusqu'à 199

Lou et Lisa ont préparé un porte-monnaie pour jouer à la marchande.

Il leur faut 153 € chacune.

Cherchons

→ **Lisa dit que Lou s'est trompée. Qu'en penses-tu ?**

→ **Et Lisa ? S'est-elle trompée ?**

- Pour décomposer un nombre supérieur à 100, je peux utiliser différentes écritures.
- Par exemple, pour 162 :
  → 100 + 60 + 2
  → 100 + 10 + 10 + 10 + 10 + 10 + 10 + 1 + 1
  → 1 centaine, 6 dizaines et 2 unités
  → 1 c 6 d 2 u

c	d	u
1	6	2

1 Décompose ces nombres.

Ex. : 149 = 100 + 40 + 9

a 157 = ...

b 186 = ...

2 Décompose ces nombres.

Ex. : 185 = 100 + 80 + 5

a 162 = ...

b 103 = ...

3 Écris le nombre correspondant.

Ex. : 100 + 50 + 7 = 157

a 100 + 90 + 2 = ...

b 100 + 70 + 3 = ...

c 100 + 30 + 1 = ...

d 100 + 40 + 9 = ...

4 Écris le nombre correspondant.

a 100 + 30 = ...

b 100 + 3 = ...

c 90 + 2 = ...

d 100 + 2 = ...

e 100 + 6 = ...

f 100 + 60 = ...

5 Écris le nombre correspondant.

a 100 + 80 + 1 = ...

b 50 + 4 + 100 = ...

c 40 + 100 + 9 = ...

d 6 + 70 + 100 = ...

e 8 + 100 + 30 = ...

f 100 + 6 + 20 = ...

6 Associe les étiquettes qui vont ensemble.

Ex : 144 = 100 + 40 + 4

135 •	• 100 + 80 + 7
87 •	• 80 + 7
187 •	• 100 + 30 + 5

7 Écris le nombre correspondant.

a 1 centaine, 4 dizaines et 3 unités → ....

b 1 centaine et 5 unités → ....

c 1 centaine et 3 dizaines → ....

8 Retrouve la somme d'argent que possède chaque enfant.

a Nathan

....

b Gabriel

....

c Yanis

....

d Zoé

....

9 Combien te faut-il de billets et de pièces pour obtenir la somme indiquée ?

106 €	....	....	....
160 €	....	....	....
86 €	....	....	....

10 Combien Tom et Léo ont-ils d'images s'ils les mettent en commun ?

Tom

Léo

....

11 Retrouve le nom de cet animal d'Australie à l'aide du code.

174	179	147	104	197	194
O	B	A	M	W	T

1re lettre : 100 + 90 + 7 = ...

2e lettre : 70 + 4 + 100 = ...

3e lettre : 100 + 4 = ...

4e lettre : 1c 7d 9u = ...

5e lettre : 4d 1c 7u = ...

6e lettre : 4u 9d 1c = ...

Je suis un :

1	2	3	4	5	6

Nombres

Comparer, ranger et encadrer les nombres jusqu'à 199

Deux maîtres de CE1, Pierre et Jean, font des achats pour leur classe.

Cherchons

→ **Que penses-tu de ce que dit Pierre ?**

→ **Que penses-tu de ce que dit Jean ?**

▸ Quand je compare deux nombres, je regarde d'abord s'ils ont un, deux ou trois chiffres.

154 … 97
?

▸ Si les deux nombres ont le même nombre de chiffres, je regarde la valeur de chaque chiffre.

125 … 148
?

▸ Je peux écrire **148 > 125** ou **125 < 148**.

1 **Complète avec le signe < ou >.**

a	b	c	d
70 …….. 67	80 …….. 90	192 …….. 129	157 …….. 175
176 …….. 167	44 …….. 84	136 …….. 163	198 …….. 189

2 Entoure en bleu le plus petit nombre et en orange le plus grand.

a 146 – 164 – 104 – 160 – 166

b 108 – 138 – 180 – 188 – 183

c 197 – 171 – 107 – 117 – 179

d 142 – 182 – 122 – 184 – 114

3 Colorie les nombres compris entre 120 et 160.

153 | 174 | 110 | 161 | 132 | 158 | 146 | 168

4 En trouvant le plus grand nombre à chaque fois, tu trouveras la longueur de chaque serpent. Colorie-la puis range les trois du plus petit au plus grand.

a Crotale diamantin

108 cm | 118 cm | 180 cm | 98 cm

b Python tacheté

106 cm | 160 cm | 76 cm | 156 cm

c Cobra indien

195 cm | 159 cm | 185 cm | 190 cm

....

5 Range ces nombres, du plus petit au plus grand.

192 | 129 | 127 | 179 | 172

....

6 Range ces nombres, du plus grand au plus petit.

179 | 174 | 197 | 147 | 194

....

7 Encadre par le nombre juste avant et le nombre juste après.

Ex. : ... – 124 – ... → 123 – 124 – 125

a .... < 104 < ....
.... < 90 < ....

b .... < 160 < ....
.... < 50 < ....

c .... < 149 < ....
.... < 169 < ....

8 Encadre par la dizaine précédente et la dizaine suivante.

Ex. : ... – 117 – ... → 110 – 117 – 120

a .... < 176 < ....

b .... < 98 < ....

c .... < 125 < ....

Nombres

Révisions

Lire et écrire les nombres jusqu'à 199

1 Colorie l'étiquette qui correspond au nombre demandé.

a cent-soixante-quatorze

74 | 164 | 174 | 10074

b cent-quatre-vingt-dix-sept

2017 | 97 | 187 | 197

c cent-quarante-cinq

145 | 185 | 85 | 105

2 Écris ces nombres en chiffres.

a cent-soixante-dix-huit ➜ ....

b cent-vingt-neuf ➜ ....

c cent-quatre-vingt-dix ➜ ....

3 Écris ces nombres en chiffres.

a 1 centaine, 2 dizaines et 4 unités ➜ ....

b 1 centaine et 3 unités ➜ ....

c 6 unités, 8 dizaines et 1 centaine ➜ ....

4 Écris ces nombres en lettres.

134 ➜ ....

167 ➜ ....

5 Complète.

......	......	98	99	......	......	......	......

......	......	115	125	......	......	......	......

6 Complète avec le nombre précédent et le nombre suivant.

Ex. : ... – 135 – ... → 134 – 135 – 136

a .... – 149 – ....

b .... – 170 – ....

c .... – 180 – ....

Décomposer les nombres jusqu'à 199

7 Décompose ces nombres.

Ex. : 147 = 100 + 40 + 7

a 136 = ...

b 104 = ...

c 150 = ...

8 Écris le nombre correspondant.

Ex. : 100 + 50 + 7 = 157

a 100 + 40 + 9 = ...

b 5 + 100 = ...

c 70 + 100 + 8 = ...

Repérer et placer les nombres jusqu'à 199 sur une droite graduée

9 Colorie chaque nombre de la couleur de son emplacement sur la droite numérique graduée.

162 | 134 | 153 | 175

10 **Colorie chaque nombre de la couleur de son emplacement sur la droite numérique graduée.**

187 | 169 | 178 | 184 | 194

Comparer, ranger, encadrer les nombres jusqu'à 199

11 **Range ces nombres dans l'ordre croissant.**

175 – 157 – 154 – 145 – 150 – 105

....

12 **Complète avec les signes < ou >.**

a 170 .... 190 **b** 176 .... 67 **c** 110 .... 101 **d** 199 198

13 **Encadre par le nombre précédent et le nombre suivant.**

a .... < 99 < .... **b** .... < 169 < .... **c** .... < 190 < ....

14 **Entoure les nombres compris entre 164 et 192.**

92 – 167 – 174 – 190 – 100 – 175 – 191 – 108 – 196 – 185

15 **Entoure en bleu le plus petit nombre et en orange le plus grand nombre.**

a 180 – 108 – 89 – 98 **b** 163 – 173 – 113 – 103

16 **Trouve le nom de cet animal à l'aide du code.**

Code :

1re lettre : 119.

2e lettre : nombre juste avant 105 = ...

3e lettre : nombre plus grand que 132 mais plus petit que 134 = ...

4e lettre : 1 c 8 d 7 u = ...

5e lettre : le plus grand nombre possible avec 1 centaine = ...

6e lettre : 100 + 40 + 8 = ...

7e lettre : le plus grand de ces nombres : 155 – 145 – 105 = ...

8e lettre : cent-trente-sept = ...

Je suis un :

1	2	3	4	5	6	7	8

Problèmes : les nombres jusqu'à 199

1 Océane veut s'acheter un vélo. Le vélo rouge coûte 182 €. Le vélo bleu coûte 179 €.
Quel vélo coûte le moins cher ?

....

2 Olga et son frère Youri se mesurent. Olga mesure une centaine de centimètres et 4 centimètres. Youri mesure une centaine et 4 dizaines de centimètres.
Qui est le plus grand ?

....

3 Fatiha est en train de lire la page 37 de son roman. Yasmine en est à la page 73.
Qui a le plus lu ?

....

4 Léa a 4 billets de 10 € et 3 pièces de 1 €. Nassim a 3 billets de 10 € et 8 pièces de 1 €.
Qui a le moins d'argent ?

....

5 Pour aller au marché, la fermière prépare ses œufs : elle met 1 centaine d'œufs dans un carton, 3 dizaines d'œufs dans des boîtes.
Combien d'œufs a-t-elle à vendre ?

....

6 Le pâtissier veut ranger ses gâteaux dans des boîtes de 10. Il a 74 gâteaux.

a **Combien de boîtes va-t-il remplir entièrement ?**

....

b **Combien de gâteaux restera-t-il ?**

....

7 **a** **Quelle somme d'argent possède chaque enfant ?**

Arthur ....

Enzo ....

Éva ....

Axel ....

b **Qui a le plus d'argent ?** ....

Qui a le moins d'argent ? ....

8 Qui suis-je ?

a Mon chiffre des centaines est 1, mon chiffre des dizaines est 6 et mon chiffre des unités est 4. ....

b Mon chiffre des dizaines est 8 et mon chiffre des centaines est 1. ....

c Mon chiffre des unités est 7 et mon chiffre des centaines est 1. ....

9 Maxime et Théo jouent au loto.

Entoure le prénom du premier qui a complété sa grille.

	134		
105		162	
	139		190
108			

Maxime

112		183	
	159		
			195
128		186	

Théo

134 – 105 – 195 – 139 – 186 – 128 – 112 – 162 – 190 – 183 – 159 – 108

10 Quel est le nombre choisi par chaque enfant ?

35 | 55 | 116 | 148 | 152 | 161 | 193

Kinji .... Jade .... Youri ....

11 Qui a gagné ?

a Romane pense avoir gagné. A-t-elle raison ? ....

Pourquoi ? ....

b Classe les scores du plus grand au plus petit. ....

Lire et écrire les nombres jusqu'à 1 000

Cherchons

→ **Qui a la médaille d'or ? d'argent ? de bronze ?**

→ **Écris en chiffres leur numéro de dossard.**

- Après 999, il y a **1 000** (mille).
- Pour lire un nombre à 3 chiffres, je lis d'abord les centaines puis le reste.

huit-cent **reste** *trente-sept*

⑧㊲

- Quand j'écris un nombre qui a plusieurs centaines, le mot « **cent** » prend **un s au pluriel** seulement quand il est **placé en dernier**.
  Ex. : On écrit *trois-cents* mais *trois-cent-quatre*.

1 **En t'aidant des étiquettes, écris ces nombres en lettres.**

quatre cinq trois vingt cent deux six

324 → ....

603 → ....

586 → ....

2 **Écris les nombres en chiffres et entoure le plus petit.**

huit-cent-trente-et-un ....

quatre-cent-trente-huit ....

huit-cent-trente ....

huit-cent-quarante ....

3 **Même exercice.**

cent-quatre-vingt-neuf ....

deux-cent-neuf ....

deux-cent-vingt-neuf ....

cent-quatre-vingt-deux ....

4 **Colorie :**

a Les nombres où le 8 se dit « huit » :

814 678 280 508

b Les nombres où le 5 se dit « cinq » :

415 529 105 357

c Les nombres où le 1 se dit « un » :

156 341 571 601 781

5 Écris tous les nombres possibles avec les étiquettes 2, 6 et 7.

....

6 Léa a compté. Vérifie son travail et corrige-le si elle s'est trompée.

293 – 294 – 295 – 297 – 298 – 299 – 301 – 302 – 303

7 Entoure le chiffre des dizaines.

498 89 637 376 504

8 Qui suis-je ?

a J'ai 3 centaines, 5 dizaines et 8 unités. → ....

b J'ai 9 centaines et 4 dizaines. → ....

c J'ai 8 centaines et 2 unités. → ....

d J'ai 7 centaines. → ....

9 Retrouve le nombre choisi par Mehdi.

576 608 214

311 935

....

10 Voici en moyenne le nombre de litres de lait produits par chacune de ces vaches en un mois.

La Prim'holstein – 830 L

La Normande – 500 L

La Blonde d'Aquitaine – 250 L

L'Abondance – 480 L

La Salers – 260 L

a Quelle race de vaches produit le plus de lait ? ....

b Quelle race de vaches produit le moins de lait ? ....

c Classe les productions de lait des vaches en ordre croissant.

....

Décomposer les nombres jusqu'à 1 000 (1)

Cherchons

→ **Qui a raison ?**

Pour décomposer un nombre, je peux utiliser différentes écritures.
Par exemple, pour 724 :
→ 700 + 20 + 4
→ 100 + 100 + 100 +100 + 100 +100 +100 + 10 + 10 + 1 + 1 + 1 + 1
→ 7 centaines, 2 dizaines et 4 unités
→ 7c 2d 4u

1 **Écris le nombre de points gagnés par chaque enfant et entoure le prénom de celui qui a marqué le plus de points.**

Rémi	Sonia	Laure	Tony
131	....	....	....

Ex. : Rémi a gagné 100 + 10 + 10 + 10 + 1 = 131. Donc, Rémi a 131 points.

2 **Décompose ces nombres.**

a 544 → ....

b 807 → ....

c 670 → ....

d 89 → ....

e 890 → ....

3 Écris le nombre correspondant.

Ex. : 200 + 80 + 4 = 284

a 700 + 50 + 3 = ...

b 500 + 30 + 7 = ...

c 600 + 40 + 1 = ...

d 300 + 90 + 2 = ...

e 300 + 80 + 4 = ...

4 Écris le nombre correspondant.

a 800 + 30 + 6 = ...

b 500 + 30 = ...

c 600 + 3 = ...

d 900 + 80 = ...

e 200 + 4 = ...

5 Écris le nombre correspondant.

a 40 + 3 + 500 = ...

b 900 + 7 + 60 = ...

c 3 + 700 = ...

d 10 + 900 + 8 = ...

e 20 + 400 = ...

6 Associe les étiquettes qui vont ensemble.

756 •	• 700 + 60 + 5
765 •	• 600 + 50 + 7
657 •	• 700 + 50 + 6

7 Associe les étiquettes qui vont ensemble.

408 •	• 400 + 8
480 •	• 400 + 80
84 •	• 800 + 4
804 •	• 80 + 4

8 Associe les étiquettes qui vont ensemble.

369 •	• 8 c 2 u 1 d
812 •	• 2 d 5 c 8 u
437 •	• 9 u 6 d 3 c
528 •	• 3 d 4 c 7 u

9 Quel poids fait le bébé hérisson ?

....

10 Des enfants ont dessiné leurs billes. Vérifie leur dessin et, si nécessaire, dessine ce qu'il manque.

a *Antonin : 563 billes*

b *Léo : 237 billes*

c *Chloé : 481 billes*

Décomposer les nombres jusqu'à 1 000 (2)

Cherchons

Martin et Nina veulent calculer combien d'argent l'école a gagné lors d'une vente de livres.

Voici ce qu'a écrit Martin :

100 + 100 + 100

10 + 10 + 10 + 10

1 + 1 + 1 + 1 + 1 + 1

Voici ce qu'a écrit Nina :

3 [100]

4 [10]

6 (1)

→ **Qu'en penses-tu ?**

- Pour décomposer un nombre, je peux écrire :
  658 = 600 + 50 + 8
- Je peux aussi utiliser l'écriture multiplicative :
  658 = (6 × 100) + (5 × 10) + 8

1 Écris le nombre qui correspond.

a (4 × 100) + (6 × 10) + 3 = ...

b (9 × 100) + 7 = ...

c (8 × 10) + (3 × 100) + 5 = ...

d 2 + (5 × 10) + (8 × 100) = ...

e (9 × 10) + (7 × 100) = ...

f (5 × 100) + 6 + (9 × 10) = ...

g 3 + (8 × 100) = ...

2 Décompose ces nombres.

Ex. : 785 = (7 × 100) + (8 × 10) + 5

a 692 = (..... × .....) + (..... × .....) + ...

b 508 = (..... × .....) + (..... × .....) + ...

c 420 = (..... × .....) + (..... × .....) + ...

d 873 = (..... × .....) + (..... × .....) + ...

3 Une maîtresse de CE1 veut commander 237 stylos. Elle peut choisir des boîtes de 100, des sachets de 10 et des stylos à l'unité.

Complète le bon de commande.

	Nombre
Boîte de 100 stylos	....
Sachet de 10 stylos	....
1 stylo	....

4 Une maîtresse de CP a commandé des stylos :

	Nombre
Boîte de 100 stylos	1
Sachet de 10 stylos	8
1 stylo	5

Combien veut-elle de stylos ?

....

5 Quentin veut vendre des petits objets dans un vide-grenier. Il a 3 petites voitures et il a préparé des lots pour ses billes et ses toupies.

Combien de petits objets va-t-il emporter ? ....

6 **a** **Indique la somme d'argent que possède chaque classe.**

CE1 A ....

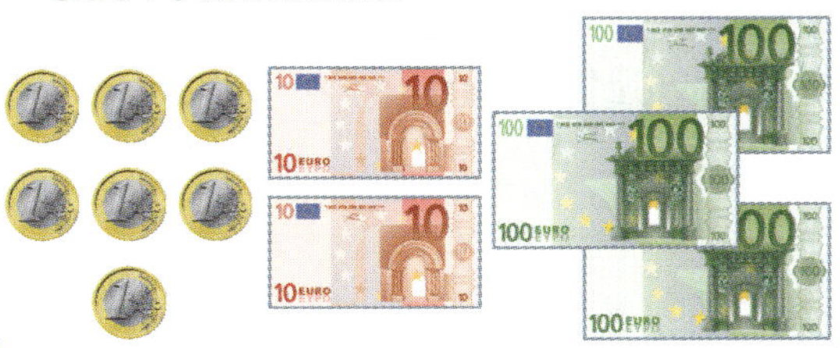

CE1 B ....

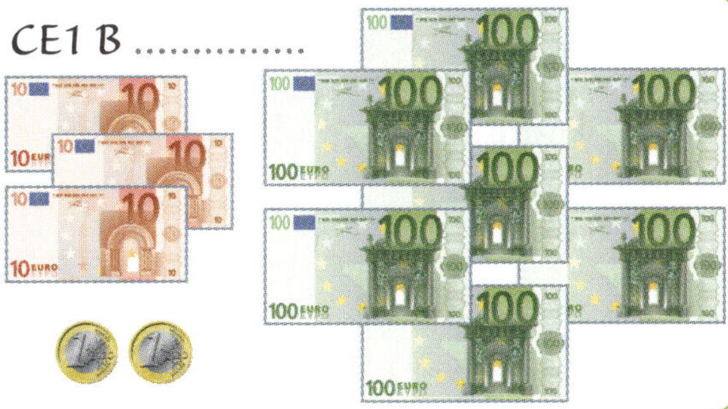

CP B ....

b Les 3 classes veulent faire une sortie.

Quelle classe peut faire la sortie montagne ? ....

Quelles classes peuvent faire la sortie musée ? ....

7 **Retrouve les lettres qui composent le nom de cet animal d'Afrique à l'aide de ce code.**

963	936	693	639	396	369	751	715	175
C	O	N	R	T	P	Y	E	É

1re, 3e et 6e lettres : 30 + 6 + 900
2e lettre : 300 + 90 + 6
4e lettre : 3 + 60 + 900
5e lettre : 7c 5d 1u
7e lettre : (9 × 10) + (6 × 100) + 3

Nom de l'animal :

1	2	3	4	5	6	7

Repérer et placer les nombres jusqu'à 1 000 sur une droite graduée

Cherchons

→ **Indique où se situe le kilomètre 74 : entre quelles bornes est-il ?**

◗ Pour placer des nombres sur une file numérique, j'utilise les **graduations.**
Ex. : Pour placer le nombre 168 sur cette droite numérique :

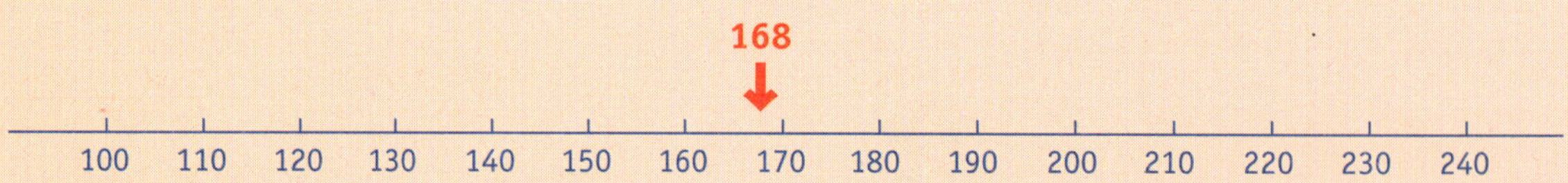

– je cherche l'écart entre chaque graduation : la droite est graduée de 10 en 10 ;
– je place ensuite le nombre : 168 est entre 160 et 170.

1 **Place chaque nombre sur la droite numérique graduée.**

a 153 168 159 164 157 162

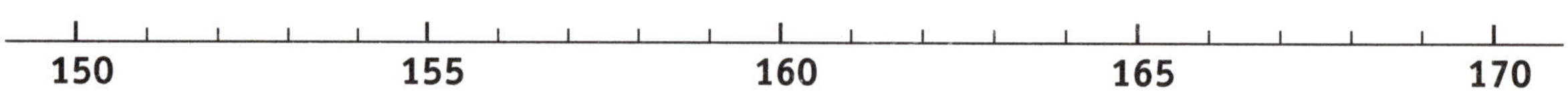

b 199 185 189 182 193 197

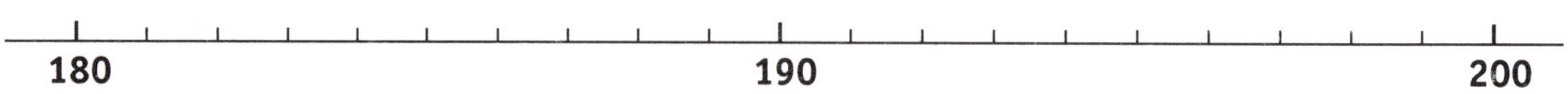

c 105 163 135 192 118 175

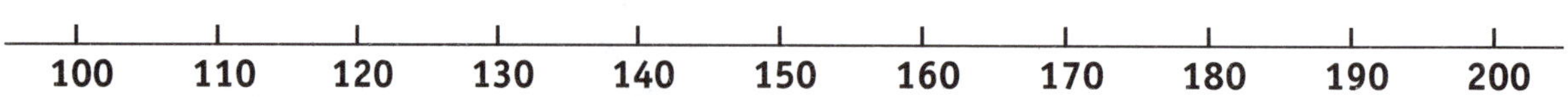

d 80 120 90 40 170 130

2 Place chaque nombre sur la droite numérique graduée.

a 90 | 100 | 86 | 92 | 98 | 89

84 — 87 — 95

b 130 | 200 | 250 | 125 | 182 | 237

110 — 160 — 220

c 710 | 650 | 750 | 800 | 700 | 740

630 — 690 — 810

d 200 | 450 | 500 | 850 | 650 | 700

150 — 250 — 350

3 Colorie chaque nombre de la couleur de son emplacement sur la droite numérique.

a 274 | 632 | 517 | 792 | 302

200 — 300 — 400 — 500 — 600 — 700 — 800 — 900

b 743 | 570 | 826 | 699 | 509

500 — 550 — 600 — 650 — 700 — 750 — 800 — 850

4 M. Dupont veut planter une haie fleurie sur 50 m. Il veut planter des lilas, des hortensias, des forsythias et des rosiers. Place les variétés de plantes au bon endroit en coloriant les cases selon les indications données.

0 — 5 — 10 — 15 — 20 — 25 — 30 — 35 — 40 — 45 — 50

Lilas

5 m | 42 m

Hortensia

24 m | 37 m

Forsythia

11 m | 49 m

Rosier

14 m | 31 m

Comparer, ranger et encadrer les nombres jusqu'à 1 000 (1)

Cherchons

Flora, Louise et Samir habitent à Grenoble.

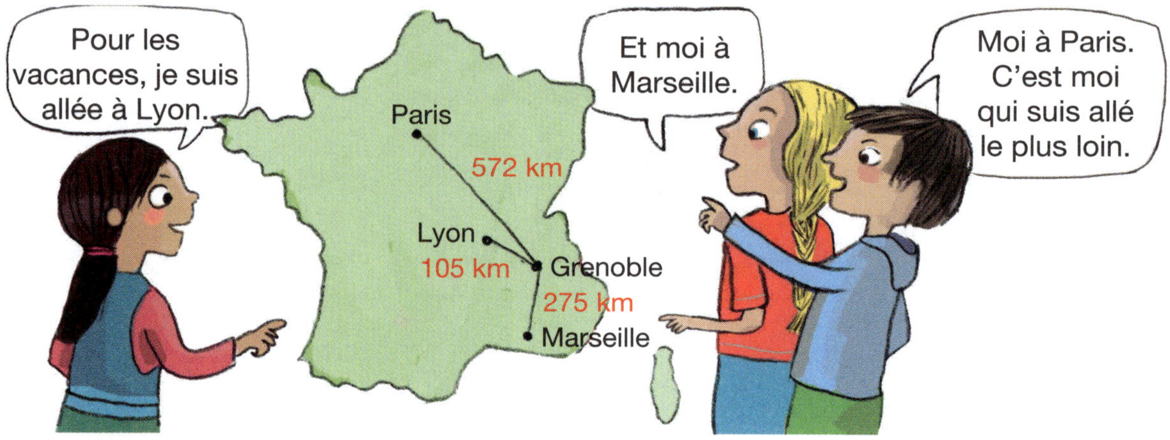

→ **Que penses-tu de l'affirmation de Samir ?**

- Quand je compare 2 nombres, je regarde d'abord s'ils ont 1, 2 ou 3 chiffres.

534 294

?

- Si les 2 nombres ont le même nombre de chiffres, je regarde la valeur de chaque chiffre.

- Je peux écrire **537 > 294** ou **294 < 537**.

1 **Complète avec les signes < ou >.**

a 300 800

900 700

347 743

921 192

b 700 670

760 770

604 640

275 257

2 Des enfants ont construit des robots. Paul a utilisé 203 pièces et Léa 230.

Entoure le prénom de celui qui a utilisé le plus de pièces.

Paul Léa

3 **Entoure le nom de l'animal le plus lourd.**

a

Le poney	Le mulet

250 kg	550 kg

b

L'ours polaire	L'ours brun

950 kg	600 kg

4 **Entoure en bleu le plus petit nombre et en vert le plus grand.**

a 846 – 648 – 486 – 684 – 864

b 158 – 581 – 185 – 815 – 518

c 357 – 573 – 753 – 735 – 375

d 290 – 902 – 209 – 920 – 229

5 **Entoure le plus petit nombre à chaque fois pour trouver la longueur de trois fleuves français.**
Range-les du plus petit au plus grand.

a Seine : 793 km 796 km 776 km 996 km

b Rhône : 812 km 862 km 892 km 872 km

c Garonne : 680 km 654 km 645 km 685 km

....

6 **Complète avec le signe qui convient : < ou >.**

a 800 + 7 .... 800 + 70

b 300 + 42 .... 300 + 24

c 500 + 100 .... 500 + 10

d 50 + 600 .... 600 + 5

7 **Voici le nombre de marches de trois monuments français.**

A L'arc de triomphe

284 marches

B Le phare de Cordouan

311 marches

C Le beffroi de Lille

400 marches

a Dans quel monument faut-il monter le moins de marches ? ....

b Dans quel monument faut-il monter plus de 350 marches ? ....

c Quels monuments ont plus de 300 marches ? ....

Comparer, ranger et encadrer les nombres jusqu'à 1 000 (2)

Cherchons

Pour informer leurs camarades, Nicolas et Chloé ont ramassé les déchets dans la cour et ont fait une affiche indiquant leur temps de décomposition, du plus court au plus long.

→ **Se sont-ils trompés dans leur classement ?**

- Pour ranger plusieurs nombres, je compare les nombres **deux par deux** pour trouver soit le plus petit, soit le plus grand.
- Je les écris ensuite dans l'ordre **croissant** (du plus petit au plus grand) ou dans l'ordre **décroissant** (du plus grand au plus petit).
  Ex. : 89 < 98 < 145 < 451 < 899 < 900

1 Range ces nombres du plus petit au plus grand.

a 650 – 470 – 560 – 380 – 600 ....

b 746 – 674 – 467 – 647 – 476 ....

c 892 – 298 – 928 – 829 – 289 ....

d 301 – 130 – 801 – 103 – 310 ....

2 Range ces nombres du plus grand au plus petit.

a 650 – 840 – 760 – 820 – 530 ....

b 823 – 382 – 328 – 832 – 288 ....

c 802 – 208 – 820 – 280 – 810 ....

d 476 – 567 – 496 – 586 – 467 ....

3 Encadre par le nombre juste avant et le nombre juste après.

a ..... < 300 < .....
..... < 990 < .....

b ..... < 600 < .....
..... < 750 < .....

c ..... < 229 < .....
..... < 339 < .....

d ..... < 499 < .....
..... < 509 < .....

4 Classe la hauteur de ces tours, de la plus petite à la plus grande.

A Tour Eiffel

327 m

B Tour Burj Khalifa

828 m

C Tour de Big Ben

99 m

D Empire State Building

381 m

E Jin Mao Tower

420 m

....

5 Colorie les nombres compris entre 590 et 720.

653 | 774 | 861 | 631 | 710 | 532 | 598 | 606 | 721 | 496

6 Encadre le nombre par la dizaine et la centaine précédentes ainsi que par la dizaine et la centaine suivantes.

Centaine précédente	Dizaine précédente	Nombre	Dizaine suivante	Centaine suivante
600	640	643	650	700
....	....	582	....	....
....	....	535	....	....
....	....	794	....	....

7 Quel lot chaque enfant a-t-il gagné à la fête foraine ?

Entre 50 et 150 points

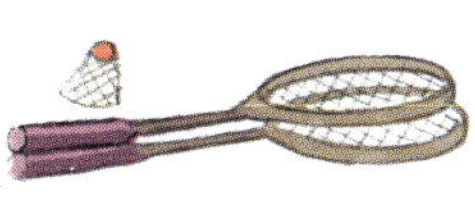

Raquettes

Entre 151 et 200 points

Casque

Entre 201 et 250 points

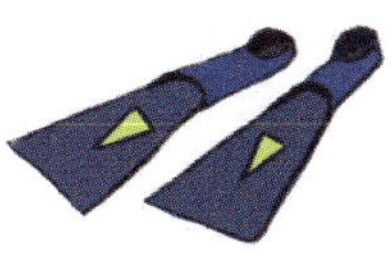

Palmes

Entre 251 et 300 points

Brouette

Plus de 300 points

Jumelles

a Nassim a 276 points. ....

b Théo a 241 points. ....

c Lucas a 179 points ....

d Mehdi a 128 points ....

Écrire des suites de nombres

Tous les élèves de l'école Louise Michel vont faire un pique-nique.

Cherchons

→ **Puisque tous les élèves sont rangés 2 par 2, qui a raison, Milla ou Timothé ?**

→ **Se sont-ils trompés dans leur classement ?**

- Dans le jeu du furet, les suites de nombres peuvent être **croissantes.**
  Ex. : 53 – 54 – 55 – 56 – 57 – 58
- Elles peuvent être **décroissantes.**
  Ex. : 74 – 73 – 72 – 71 – 70 – 69
- Elles peuvent aller :
  – de 1 en 1, par exemple : 63 – 64 – 65 – 66
  – de 10 en 10, par exemple : 80 – 70 – 60 – 50
  – de 100 en 100, par exemple : 105 – 205 – 305 – 405
  – mais aussi de 2 en 2, par exemple : 6 – 8 – 10 – 12

1 Compte de 1 en 1 à partir de :

a 79 jusqu'à 91 (↗) → ....

b 98 jusqu'à 110 (↗) → ....

c 111 jusqu'à 99 (↘) → ....

2 Compte de 1 en 1 à partir de :

a 205 jusqu'à 193 → ....

b 399 jusqu'à 411 → ....

3 Compte de 2 en 2 à partir de :

a 78 jusqu'à 102 (↗) → ....

b 165 jusqu'à 141 (↘) → ....

Nombres

4 Compte de 2 en 2 à partir de :

a 376 jusqu'à 400 → ....

b 416 jusqu'à 392 → ....

5 Compte de 10 en 10 à partir de :

a 50 jusqu'à 170 → ....

b 140 jusqu'à 20 → ....

c 56 jusqu'à 176 → ....

d 159 jusqu'à 39 → ....

6 Compte de 10 en 10 à partir de :

a 580 jusqu'à 700 → ....

b 580 jusqu'à 460 → ....

c 247 jusqu'à 367 → ....

7 Compte de 100 en 100 à partir de :

a 200 jusqu'à 900 → ....

b 120 jusqu'à 820 → ....

c 750 jusqu'à 50 → ....

8 Compte de 5 en 5 à partir de :

a 85 jusqu'à 145 → ....

b 150 jusqu'à 90 → ....

c 56 jusqu'à 116 → ....

9 Trouve la règle et complète les suites de nombres.

a 184, 186, 188, ..., 228.

b 465, 470, 475, ..., 535.

c 423, 422, 421, ..., 409.

10 Trouve la règle et complète les suites de nombres.

a 760, 750, 740, ..., 620.

b 473, 433, 493, ..., 613.

c 516, 514, 512, ..., 488.

Révisions

Lire et écrire les nombres jusqu'à 1 000

1 Colorie l'étiquette qui correspond au nombre demandé.

a six-cent-trente-sept

6 137 | 637 | 617 | 137

b neuf-cent-quatre-vingt-six

926 | 186 | 426 | 986

2 Écris ces nombres en chiffres.

a cent-quatre-vingt-douze ....

b cinq-cent-neuf ....

c trois-cent-soixante-dix ....

3 Écris ces nombres en chiffres.

a 7 centaines, 3 dizaines et 8 unités

....

b 1 centaine et 5 unités ....

c 2 centaines et 4 dizaines ....

4 Écris ces nombres en lettres.

608 ➜ ....

716 ➜ ....

493 ➜ ....

....

Écrire des suites de nombres jusqu'à 1 000

5 Continue la suite de nombres.

768 – 778 – 788 – ....

....

.... (jusqu'à 868)

Décomposer les nombres jusqu'à 1 000

6 Décompose ces nombres.

Ex. : 392 = 300 + 90 + 2

a 754 = ...

b 309 = ...

7 Écris le nombre correspondant.

Ex. : 600 + 40 + 8 = 648

a 800 + 30 + 6 = ...

b 70 + 500 + 1 = ...

c 400 + 9 + 10 = ...

d 700 + 8 = ...

8 Écris ce que possède chaque personne.

a Micha ....

b Simon ....

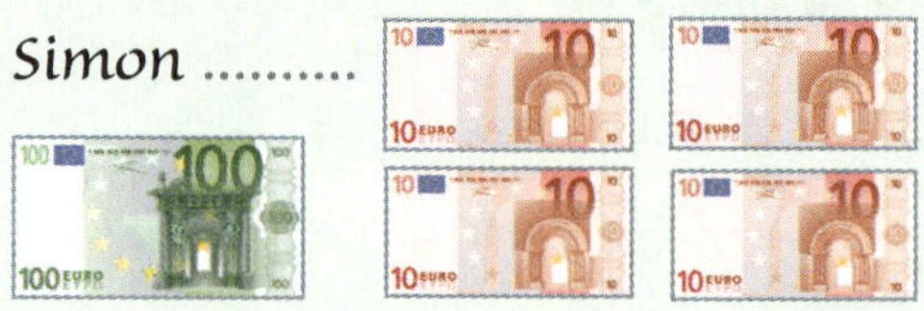

9 Écris le nombre correspondant.

a (6 × 100) + (4 × 10) + 5 = ...

b (9 × 100) + (7 × 10)= ....

c (6 × 10) + (4 × 100) + 5 = ...

d 3 + (2 × 10) + (5 × 100) = ...

10 Décompose ces nombres.

Ex. : 728 = (7 × 100) + (2 × 10) + 8

a 637 = (..... × .....) + (..... × .....) + ...

b 804 = (..... × .....) + (..... × .....) + ...

Repérer et placer les nombres jusqu'à 1 000

11 Colorie chaque nombre de la couleur de son emplacement sur la file numérique.

451 | 145 | 541 | 273 | 732

12 Colorie chaque nombre de la couleur de son emplacement sur la file numérique.

689 | 517 | 784 | 499 | 609

Comparer, ranger, encadrer les nombres jusqu'à 1 000

13 Range ces nombres dans l'ordre croissant.

792 – 297 – 927 – 279 – 972 – 197 ....

14 Complète avec les signes < ou >.

a 670 67

b 576 567

c 748 784

d 809 890

15 Colorie le plus grand nombre à chaque fois, tu trouveras le poids de l'animal.

a 

Le renne

175 kg | 272 kg | 227 kg | 99 kg

b 

Le bœuf musqué

407 kg | 170 kg | 379 kg | 470 kg

c 

Le phoque

108 kg | 180 kg | 179 kg | 138 kg

16 Encadre par le nombre précédent et le nombre suivant.

a ...... < 284 < ......

b ...... < 799 < ......

c ...... < 600 < ......

d ..... < 350 < ......

17 Colorie les nombres compris entre 546 et 712.

195 | 574 | 823 | 706 | 722 | 515 | 649 | 618

Problèmes : les nombres jusqu'à 1 000

1 Jade a ramassé 875 g de framboises. Enzo en a 915 g.

Qui en a le plus ? ....

2 Dans une rencontre d'athlétisme, la classe des CE1 A a gagné 780 points ; la classe des CE1 B a 499 points.

Quelle classe a gagné ? ....

3 Mehdi a parcouru 402 kilomètres pendant ses vacances, Théo en a fait 399.

Qui a fait le plus long trajet ? ....

4 Lors d'un tournoi sportif, il fallait gagner :
- au moins 675 points pour être médaille d'or ;
- entre 500 et 674 points pour être médaille d'argent ;
- entre 350 et 499 points pour être médaille de bronze.

Les CE1 ont eu 631 points.

Quelle médaille ont-ils reçue ?

....

5 Camille donne 3 billets de 100 €, 9 billets de 10 € et 8 pièces de 1 € pour acheter un caméscope. Sarah a payé le sien 425 €.

Qui a payé son caméscope le plus cher ? ....

6 Dans la ferme de Marie, il y a 4 centaines de poules et 8 dizaines de moutons. Dans celle de Théo, il y a 99 vaches.

Qui a le plus d'animaux ? ....

7 Mathis a ramassé 125 coquillages. Mika en a ramassé 275. Enzo veut en ramasser plus que Mathis mais il sait qu'il n'aura pas le temps d'en ramasser autant que Mika.

Combien de coquillages peut-il essayer de ramasser par exemple ? ....

8 Olga a 6 billets de 10 € et 8 pièces de 1 € dans son porte-monnaie.
Peut-elle acheter une trottinette à 79 € ? Justifie ta réponse.

....

....

9 Une entreprise veut ranger ses véhicules sur un parking de 250 places.
Peut-elle mettre 9 dizaines de camions, centaines de camionnettes et 8 voitures ? Justifie ta réponse.

....

....

10 Paul et Sacha veulent s'acheter un canoë-kayak.

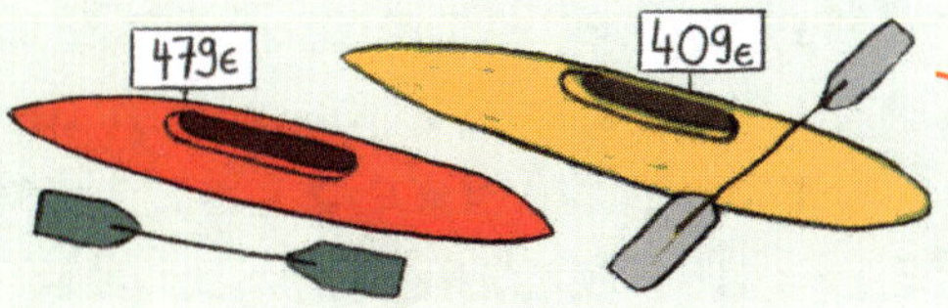

Paul ....

Sacha ....

a Combien ont-ils d'argent à eux deux ?

....

....

b Ont-ils le choix pour acheter un canoë ? Justifie ta réponse.

....

....

Comprendre le sens de l'addition et de la soustraction

Cherchons

→ **Qui a raison ? Julie ou Paul ?**

▶ Pour résoudre un problème, je dois :
① chercher à comprendre la situation ;
② comprendre la question que l'on me pose ;
③ me raconter ce qui se passe dans la situation (on ajoute, on enlève, on fait des paquets…) ;
④ trouver les nombres dont j'ai besoin ;
⑤ faire un calcul ou un schéma pour répondre à la question ;
⑥ écrire ma réponse.

1 **Complète les opérations.**

a 8 + ….. = 12	**b** 10 – ….. = 8	**c** 15 + ….. = 20	**d** 12 – ….. = 6
10 – ….. = 5	7 + ….. = 14	18 + ….. = 20	18 – ….. = 9

2 **Complète avec le signe de l'opération.**

a 6 ….. 4 = 10	**b** 13 ….. 2 = 11	**c** 9 ….. 9 = 18	**d** 5 ….. 10 = 15
17 ….. 10 = 7	15 ….. 5 = 10	6 ….. 10 = 16	11 ….. 4 = 7

3 **Vérifie le travail et entoure le prénom de l'élève qui a fait le bon schéma.**

a J'achète un jeu à 11 € et un skate à 35 €. **Combien vais-je payer ?**

Lisa

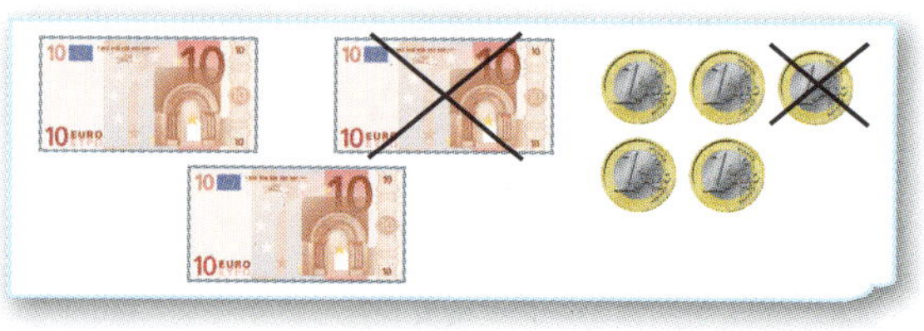

Zoé

b J'avais 45 €. J'ai acheté un casque de vélo à 23 €. **Combien me reste-t-il ?**

Mourad

Nadia

c J'ai cueilli 12 marguerites et des tulipes. J'ai maintenant 31 fleurs dans mon bouquet. **Combien ai-je de tulipes ?**

Quentin

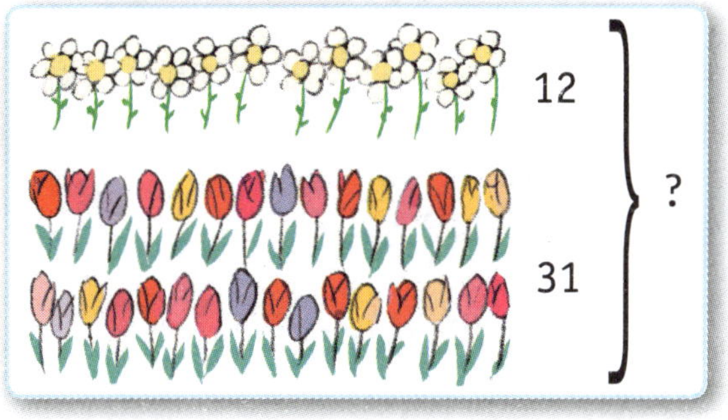

Loïc

4 Colorie l'opération qui convient.

a Rémi a pris 156 photos au zoo et 23 à la plage.
Combien a-t-il pris de photos ?

156 + 23 | 156 – 23

b Manon apporte 90 biscuits à l'école. Ses camarades en mangent 45.
Combien reste-t-il de biscuits ?

90 + 45 | 90 – 45

c Toufik a 125 poissons, des rouges et des gris. 39 sont des poissons rouges.
Combien a-t-il de poissons gris ?

125 + 39 | 125 – 39

d La maîtresse fait des courses. Elle dépense 24 € chez le boulanger puis 78 € chez l'épicier.
Combien a-t-elle dépensé ?

78 + 24 | 78 – 24

5 À l'aide du dessin, réponds aux questions.

a Lola achète un ballon et un livre. **Combien dépense-t-elle ?**

....

....

b Pascale achète un jeu de cartes et donne un billet de 10 €. **Combien lui reste-t-il ?**

....

....

c Maël achète une poupée, une voiture et un ballon. **Combien dépense-t-il ?**

....

....

Choisir la bonne opération

Cherchons

Pierre a perdu 2 dents au mois de septembre. Il lui en reste 22.
Combien en avait-il avant ?

→ **Qui a raison, Zoé ou Luc ?**

- Pour trouver la bonne opération, il faut s'imaginer la situation.
- **Attention :** certains mots sont trompeurs !
  Il ne suffit pas de lire *a perdu, il lui en reste, il dépense* pour choisir la soustraction ou de plus pour choisir l'addition.
  Ex. : Paul **dépense** 3 € chez le boulanger puis 5 € chez le marchand de journaux. Combien dépense-t-il en tout ?
  → La bonne opération est : 3 + 5.
  Ex. : Lucie a des livres. Rémi en a 10 de plus, il en a 60. Combien Lucie a-t-elle de livres ?
  → La bonne opération est : 60 – 10.

1 Au zoo, Tao a vu 69 animaux. Victoria en a vu 12 de moins.
Combien d'animaux Victoria a-t-elle vus ?
Colorie la bonne opération.

69 + 12 | 69 – 12

2 Une girafe a 84 taches sur son pelage. Son amie en a 47 de plus.
Combien de taches son amie a-t-elle ?
Colorie la bonne opération.

84 + 47 | 84 – 47

3 Le boulanger veut faire 285 pains au chocolat. Il en a déjà mis 132 dans sa vitrine et les autres sont encore dans le four. Combien de pains au chocolat sont dans le four ?
Colorie la bonne opération.

285 + 132 | 285 – 132

4 Antonin étale ses 200 photos sur la table. Le vent souffle et des photos s'envolent. Antonin en rattrape 148. Combien de photos se sont envolées ? **Colorie la bonne opération.**

200 + 148 | 200 − 148

5 43 enfants sont installés dans un manège de 54 places. Dix minutes plus tard, le manège est rempli. Combien de nouveaux enfants sont arrivés ? **Colorie la bonne opération.**

54 + 43 | 54 − 43

6

15 élèves sont déjà assis dans le bus. Combien d'élèves partent en sortie ? **Écris la bonne opération.**

....

7

28 élèves se rendent à la bibliothèque en bus. Combien d'élèves sont déjà assis dans le bus ?
Écris la bonne opération.

....

8 Lou a 20 €. Elle achète une glace au chocolat à 3 euros. Combien d'argent lui reste-t-il ?
Écris la bonne opération.

....

9 Max a 23 plantes de moins que Léon dans son herbier. Max a 45 plantes. Combien Léon a-t-il de plantes ? **Écris la bonne opération.**

....

10 Julia a 149 chansons dans son ordinateur. Pour son anniversaire, ses amies lui en téléchargent 50 nouvelles et ses parents 35. Combien Julia aura-t-elle de chansons ?
Écris la bonne opération.

....

11 Karim a 172 animaux en plastique. Ali en a 48. Karim échange 58 animaux contre des livres. Combien Karim a-t-il encore d'animaux ?
Écris la bonne opération.

....

12 Samy invite 12 copains, 6 copines, ses 3 cousins et ses 2 frères à un pique-nique.
Combien de personnes vont partager ce repas ? **Écris la bonne opération.**

....

13 Kevin doit partir dans 60 minutes.
Combien de temps lui restera-t-il après avoir regardé le DVD ?

Écris la bonne opération.

....

14 Dans l'école de Léonie, il y a 136 élèves. À la fin de l'année, 24 élèves s'en vont au collège et 18 nouveaux CP arrivent.
Combien y aura-t-il d'élèves en moins l'année suivante ?
Écris la bonne opération.

....

Calcul

Additionner deux nombres

La maîtresse demande aux élèves de corriger les opérations inscrites au tableau.

Cherchons

→ **Et toi, peux-tu les expliquer ?**

◗ Pour calculer une addition :

① **Je pose mon opération en colonnes en mettant bien les unités sous les unités, les dizaines sous les dizaines, etc.**

② **J'ajoute d'abord les unités :**

		(1)	
	1	5	6
+		3	7
	1	9	3

6 + 7, ça fait 13. J'écris 3 sous les unités et je place la retenue au-dessus des dizaines.

③ **Je continue mon calcul avec les dizaines. Je n'oublie pas la retenue !**

1 + 5 + 3, ça fait 9. J'écris 9 sous les dizaines.

④ **Je termine l'opération avec les centaines.**

1 Effectue les additions.

	○	
	2	9
+	1	4

	1	3	8
+		4	1

	○	
	7	2
+	1	8

		○	
		3	8
+	1	2	4

2 Effectue les additions.

	○		
		7	8
+		6	1

		○	
	1	4	3
+		2	7

		○	
	1	3	6
+		2	9

	○		
		5	0
+		8	4

3 Effectue les additions.

		8	5
+	1	0	9

	1	5	1
+		3	9

4 Pose et effectue les additions.

a 53 + 92

b 156 + 28

5 Effectue les additions.

	1	5	6
+		8	5

		5	1
+	1	5	7

6 Pose et effectue les additions.

a 134 + 18

b 28 + 75

7 Effectue cette addition.

	2	2
+	7	8

8 Pose et effectue les additions.

a 134 + 86

b 239 + 192

c 712 + 288

d 536 + 390

9 Effectue les additions.

	1	8
+	3	9
+	2	6

	1	9	7
+		7	2
+		3	4

10 Pose et effectue les additions.

a 564 + 82

b 625 + 3 + 136

c 8 + 812

d 143 + 56 + 271

Soustraire deux nombres (1)

Cherchons

Sam a posé et effectué trois soustractions. La maîtresse demande aux élèves d'expliquer pourquoi ces opérations sont fausses.

→ **Et toi, peux-tu expliquer les erreurs de Sam ?**

▶ Pour calculer une soustraction :

	7	6
–	4	5
	3	1

① **Je pose mon opération en colonnes.**

② **Je soustrais d'abord les unités :**
5 pour aller à 6, ça fait 1. J'écris 1 sous les unités.

③ **Je continue mon calcul avec les dizaines :**
4 pour aller à 7, ça fait 3. J'écris 3 sous les dizaines.

1 **Effectue les soustractions.**

	3	5
–	1	4

	9	8
–	1	8

	7	6
–	3	2

	7	9
–	4	2

2 **Pose et effectue les soustractions.**

76 – 31 54 – 34 38 – 37 79 – 50

3 Effectue les soustractions.

	1	4	3
−		2	3

	1	8	6
−		2	2

	1	5	8
−		5	4

	1	2	7
−	1	1	6

4 Pose et effectue les soustractions.

a 168 − 47 168 − 58 **b** 182 − 12 184 − 80

5 Effectue les soustractions.

	1	9	4
−	1	2	3

	1	9	0
−	1	2	0

	1	5	6
−	1	3	6

	1	7	4
−	1	7	0

6 Pose et effectue les soustractions.

a 199 − 147 175 − 55 **b** 175 − 102 164 − 52

7 Dans un poulailler de 65 poules, le renard en a dévoré 43. **Combien reste-t-il de poules ?**

....

....

....

Calcul

Soustraire deux nombres (2)

Cherchons

Julie a 65 images, son frère Paul en a 29. Elle a 36 images de plus que Paul.
Leur grand-père donne 10 images à Julie et un paquet de 10 à Paul.

→ **Combien Julie a-t-elle d'images de plus que Paul ? Aide-toi en barrant des éléments dans le dessin.**

▶ Pour calculer une soustraction à retenue :

	4	7	2
−	1	4	8

① **Je soustrais d'abord les unités :**
8 pour aller à 2…
Je ne peux pas.

	4	7	12
−	1	4	8
		1	
			4

8 pour aller à 12, ça fait 4.

	4	7	12
−	1	4	8
		1	
	3	2	4

② **Je continue avec les dizaines :** 4 + 1, ça fait 5.
5 pour aller à 7, ça fait 2.
③ **Puis les centaines :**
1 pour aller à 4, ça fait 3.

1 Effectue les soustractions.

	8	3
−	1	6

	5	8
−	2	9

	1	3	5
−		1	8

	1	6	1
−		3	5

	1	7	2
−		2	8

	1	6	6
−		2	8

	1	5	4
−		2	6

	1	8	3
−		3	9

2 Effectue les soustractions.

	2	3	8
−	1	6	4

	3	4	3
−	1	7	2

	5	3	6
−	2	9	1

	3	5	6
−		7	4

3 Effectue les soustractions.

	6	5	6
−		8	5

	4	9	2
−		2	7

	1	6	4
−		8	3

	2	5	1
−	1	3	7

4 Pose et effectue les soustractions.

a 382 − 66 **b** 535 − 182 **c** 634 − 218 **d** 128 − 75

5 Effectue les soustractions.

	2	4	6
−	1	5	4

	3	3	4
−		6	7

	5	5	8
−	4	8	9

6 Pose et effectue les soustractions.

a 216 − 98 **b** 183 − 95 **c** 434 − 186 **d** 239 − 192

Calcul

Révisions

Comprendre le sens de l'addition et de la soustraction

1 Complète avec le bon signe chaque opération.

a 6 .... 8 = 14

10 .... 3 = 7

b 22 .... 12 = 10

25 .... 5 = 30

c 45 .... 5 = 50

35 .... 5 = 30

d 108 .... 10 = 98

176 .... 16 = 192

e 76 .... 8 = 68

94 .... 14 = 108

f 137 .... 17 = 154

123 .... 31 = 92

2 Écris le résultat.

a J'ai 19 pions dans mon enveloppe. J'en ajoute 9.

Combien de pions ai-je maintenant ? ....

b J'ai des pions dans mon enveloppe. J'en ajoute 5, maintenant il y en a 17 en tout.

Combien de pions avais-je dans mon enveloppe avant ?

....

c J'ai des pions dans mon enveloppe. J'en ajoute 8, maintenant il y en a 29 en tout.

Combien de pions avais-je dans mon enveloppe avant ?

....

3 Écris le résultat.

a J'ai 36 pions dans mon enveloppe. J'en ajoute 10.

Combien de pions ai-je maintenant ? ....

b J'ai des pions dans mon enveloppe. J'en ajoute 10 et encore 6.

Maintenant il y en a 27 en tout.

Combien de pions avais-je dans mon enveloppe avant ? ....

c J'ai 92 pions dans mon enveloppe. J'en ajoute 10.

Combien de pions ai-je maintenant ? ....

4 Écris le nombre auquel je pense.

a Je pense à un nombre. Je lui ajoute 6. Je trouve 18. ....

b Je pense à un nombre. Je lui ajoute 9. Je trouve 14. ....

c Je pense à un nombre. Je lui enlève 4. Je trouve 15. ....

d Je pense à un nombre. Je lui enlève 7. Je trouve 23. ....

5 Écris le nombre auquel je pense.

a Je pense à un nombre. Je lui enlève 10. Je trouve 34. ....

b Je pense à un nombre. Je lui ajoute 10. Je trouve 37. ....

c Je pense à un nombre. Je lui ajoute 11. Je trouve 49. ....

d Je pense à un nombre. Je lui enlève 11. Je trouve 46. ....

Additionner des nombres

6 Pose et effectue les additions.

a 135 + 67 b 34 + 155 c 145 + 9 + 38 d 67 + 8 + 128

Soustraire deux nombres

7 Pose et effectue les soustractions.

a 184 – 82 b 137 – 71 c 461 – 84 d 290 – 67

8 Pose et effectue les opérations.

a 136 + 47 b 182 – 79 c 602 – 141 d 617 + 183

Problèmes : l'addition, la soustraction

1 Dans une prairie, il y a 167 escargots.
Thomas en ramasse 20 et sa sœur, le double.
Combien reste-t-il d'escargots ? ....

2 Hugo joue au jeu de l'oie. Il a avancé son pion.
Sur quelle case était-il au départ :

a s'il est sur la case 11 et que ses dés indiquent 7 ? ....

b s'il est sur la case 22 et que ses dés indiquent 11 ? ....

3 Lucas joue au jeu de l'oie. Il n'a pas encore avancé son pion.
Sur quelle case va-t-il arriver :

a s'il est sur la case 10 et que ses dés indiquent 17 ? ....

b s'il est sur la case 15 et que ses dés indiquent 9 ? ....

4 **a** J'achète un livre à 20 € et un autre à 16 €.
Combien est-ce que je dépense ?

....

b J'ai 50 € dans mon porte-monnaie.
J'achète des livres que je paie 23 €.
Combien y a-t-il dans mon porte-monnaie quand je reviens de la librairie ?

....

....

....

....

5 **a** Lundi, il y avait 137 œufs dans le poulailler.
La fermière en a ramassé 114.
Combien en reste-t-il ?

....

b Mardi, la fermière a ramassé 68 œufs. Il y en avait 107 dans le poulailler.
Combien en a-t-elle laissé ?

....

6 **a** Mercredi, le maraîcher a ramassé 258 tomates pour les vendre. Il en avait déjà ramassé 164 la veille.

Combien en a-t-il à vendre ?

b Jeudi, le maraîcher a vendu 307 tomates au marché. Il en rapporte 95 à la ferme.

Combien en avait-il au départ ?

7 **a** Les élèves de CE1 font un élevage de phasmes. Il y a 69 phasmes adultes. Après les naissances, les élèves comptent 112 phasmes.

Combien de phasmes sont nés ?

b Mardi soir, le couvercle du terrarium est resté ouvert et de nombreux phasmes se sont échappés. Jeudi matin, il n'y a plus que 54 phasmes dans le terrarium ! **Combien de phasmes faut-il chercher dans la classe ?**

8 Dans la bibliothèque de quartier, il y a 359 albums de jeunesse, 87 bandes dessinées et 120 documentaires.

Combien y a-t-il de livres ?

9 **a** Dans un musée, il y a 750 tableaux. Pendant les vacances, 259 tableaux sont retirés pour être restaurés.

Combien de tableaux sont encore exposés ?

b Une nouvelle exposition est préparée au musée. Avant, il y avait 821 tableaux. Maintenant il y en a 917.

Combien de tableaux ont été ajoutés ?

Comprendre le sens de la multiplication (1)

Cherchons

La classe de CE1 a commandé des livres.
Aujourd'hui, le colis est arrivé !
Il y a quatre piles de 6 livres.

→ **Combien de livres la classe de CE1 a-t-elle commandés ?**

▸ Il y a 4 paquets contenant chacun 3 bonbons.

3 + 3 + 3 + 3 = 12
C'est 4 fois le nombre 3.
Cela se dit **4 fois 3**.

1 **Colorie les étiquettes qui vont avec le dessin.**

a

5 + 5 + 5 + 5

5 + 4 | 4 fois 5

b

6 + 6 + 6

3 + 6 | 3 fois 6

c

8 + 8 + 8

3 + 8 | 3 fois 8

d

3 + 3 + 3 + 3 + 3

3 + 5 | 5 fois 3

2 Complète.

8 + 8 + 8 + 8 → .... fois ....

10 + 10 + 10 + 10 → .... fois ....

n.

....

c 

....

2 fois 4 soleils

ondre à la question.

a en **a-t-elle de bonbons ?**

3 + 9 | 9 + 9 + 9 | 3 fois 9

b Rémi a préparé 3 tartes et 5 gâteaux. **Combien a-t-il de desserts ?**

3 + 5 | 5 + 5 + 5 | 3 fois 5

c Tom a fait 2 bouquets de 7 fleurs. **Combien a-t-il coupé de fleurs ?**

2 + 7 | 7 + 7 | 2 fois 7

6 Réponds à la question avec un schéma ou un calcul.

a Maman rapporte du marché 2 sacs de 5 pommes.
Combien y a-t-il de pommes ?

....

b Jules achète 5 lots de 7 cartes postales.
Combien de cartes a-t-il achetées ?

....

c Sami reçoit 4 pochettes de 6 images.
Combien d'images a-t-il ?

....

Calcul

Comprendre le sens de la multiplication (2)

Cherchons

→ **Combien y a-t-il de carrés dans la tablette ?**
→ **Paul et Julie ne sont pas d'accord. Qui a raison ?**

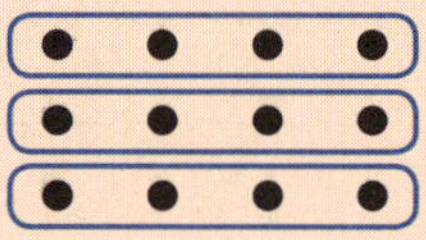

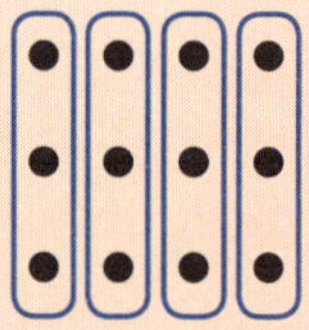

4 + 4 + 4 et 3 + 3 + 3 + 3
3 fois 4 et 4 fois 3 } donnent le même résultat.

Cette opération s'écrit : **3 × 4** ou **4 × 3**.

1 Écris l'opération qui correspond au quadrillage.

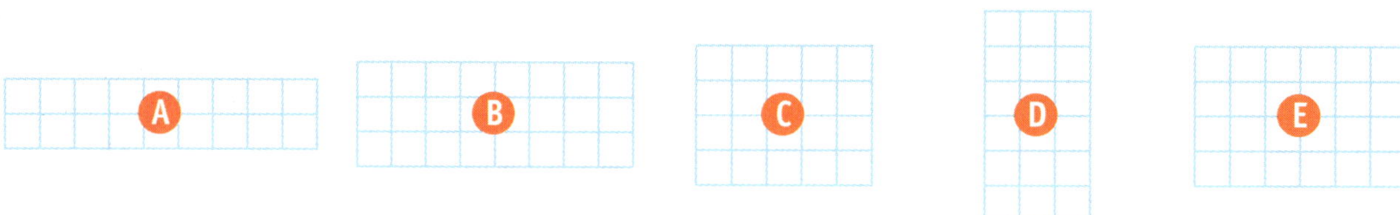

A .... B .... C .... D .... E ....

2 Écris la multiplication qui correspond à chaque calcul.

a 5 + 5 ....

b 8 + 8 + 8 + 8 + 8 ....

c 6 + 6 + 6 ....

d 9 + 9 ....

e 4 + 4 + 4 + 4 + 4 + 4 + 4 ....

f 10 + 10 + 10 ....

g 2 + 2 + 2 + 2 + 2 + 2 + 2 + 2 ....

h 7 + 7 + 7 + 7 ....

3 Entoure les collections qui correspondent aux opérations.

a en bleu : 9 × 3 étoiles

b en noir : 4 × 4 étoiles

c en bleu : 10 × 2 cœurs

d en noir : 6 × 3 cœurs

4 Entoure toutes les étiquettes qui vont avec le quadrillage.

a

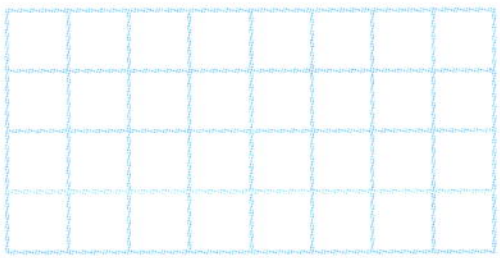

8 + 4   8 + 8 + 8 + 8

4 + 4 + 4 + 4 + 4 + 4 + 4 + 4

4 × 8   8 × 4

b

5 + 6   6 × 5

6 + 6 + 6 + 6 + 6

5 + 5 + 5 + 5 + 5 + 5

5 Dans le tableau, colorie de la même couleur les opérations et leur résultat.

20	5 × 4	8 + 8 + 8	10 × 2
2 × 6	6 × 2	24	10 + 10
2 × 9	4 × 3	9 × 2	18
4 × 5	12	2 × 10	9 + 9
4 + 4 + 4	6 × 3	3 × 6	6 × 4
4 × 6	3 × 8	3 × 4	8 × 3

6 Réponds à la question avec un schéma ou un calcul.

La marchande prépare 4 cagettes de 6 choux.
Combien a-t-elle de choux ?

....

....

....

....

Multiplier deux nombres

Cherchons

La maîtresse a demandé à Julien de représenter l'opération 17 × 2 avec des barres et des cubes (1 barre = 1 dizaine, 1 cube = 1 unité).

→ **Dessine ce qu'il aurait écrit pour calculer 14 × 3.**

▸ Pour calculer une multiplication :

	1	7	
×		2	(1)
		4	

	1	7	
×		2	(1)
	3	4	

① Je pose mon opération en colonnes.
② **Je multiplie d'abord les unités :**
2 × 7 = 14.
J'écris 4 et je place la retenue à côté de l'opération. Je peux l'entourer.

③ **Je multiplie ensuite les dizaines :**
2 × 1 = 2.
Je n'oublie pas d'ajouter la retenue :
2 + 1 = 3.
J'écris 3 sous les dizaines.

1 Effectue les multiplications.

	4	3
×		2

	2	1
×		3

2 Pose et effectue les multiplications.

a 34 × 2   b 25 × 2

3 Pose et effectue les multiplications.

a 42 × 3   b 28 × 3

c 56 × 3   d 227 × 3

4 Pose et effectue les multiplications.

a 23 × 4 **b** 15 × 4 **c** 64 × 4 **d** 218 × 4

5 Pose et effectue les multiplications.

a 13 × 5 **b** 22 × 5 **c** 44 × 5 **d** 139 × 5

6

Hugo et Théo ont effectué une multiplication. La maîtresse leur dit : « L'un de vous a fait une erreur ! » **Qui s'est trompé ? Pourquoi ?**

Hugo

	5	4
×		3
1	5	2

....

Théo

	5	4	
×		3	(1)
1	6	2	

....

7

Effectue les opérations, puis utilise le code pour savoir sur quel continent vit chacun de ces animaux.

Le tarsier

108 × 2

Le nandou

198 × 5

L'échidné

62 × 5

Le moro sphinx

169 × 4

Code :
- Entre 0 et 250 → Asie.
- Entre 250 et 500 → Océanie.
- Entre 500 et 750 → Europe.
- Entre 750 et 1 000 → Amérique du Sud.

Le tarsier .... Le nandou ....

L'échidné .... Le moro sphinx ....

Révisions

Comprendre le sens de la multiplication

1 Colorie les étiquettes qui permettent de répondre à la question.

a Émeric dessine 4 trains de 7 wagons.
Combien y a-t-il de wagons ?

$4 + 7$ | $7 + 7 + 7 + 7$ | 7×4

....

b Auriane achète 4 lots de 5 gommes.
Combien a-t-elle acheté de gommes ?

$4 + 5$ | $5 + 5 + 5 + 5$ | 5×4

....

Multiplier deux nombres

2 Effectue les multiplications.

a 336×2 184×5 492×2 309×3

b 156×3 235×4 198×5 168×4

Additionner, soustraire, multiplier

3 Effectue les opérations.

$189 + 8 + 74$ $304 - 243$ 125×5 203×4 $625 - 198$

4 **a** Un pêcheur a attrapé 32 poissons le matin, 101 l'après-midi et 78 le soir.
Combien de poissons a-t-il pêchés dans la journée ?

....

....

....

b Un pêcheur a attrapé 156 poissons en une journée, mais 28 se sont échappés.
Combien rapporte-t-il de poissons le soir ?

....

....

....

c Un pêcheur a attrapé 35 poissons dans chaque filet. Il avait posé 3 filets.
Combien a-t-il rapporté de poissons à la fin de la journée ?

....

....

....

5 Pour la séance de sport, le maître apporte 3 boîtes de 8 balles de tennis et 5 boîtes de 12 balles de ping-pong.

a **Combien de balles de tennis le maître a-t-il apportées ?**

....

....

....

b **Combien de balles de ping-pong y a-t-il ?**

....

....

c **Combien de balles y a-t-il en tout ?**

....

....

Calcul

Problèmes : l'addition, la soustraction, la multiplication

1 En Suisse, Sven achète 32 € de fromage et 17 € de chocolat.
Combien Sven a-t-il dépensé ?

2 En Norvège, Erika a un livre de 100 recettes différentes pour cuisiner le saumon. Elle a déjà essayé 47 recettes. **Combien lui en reste-t-il à tester ?**

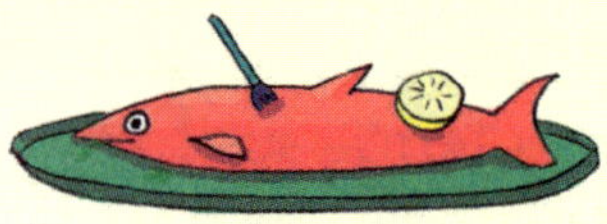

3 La longueur du bassin de la piscine municipale est de 25 m. Léo parcourt 4 longueurs à la nage.
Quelle distance a-t-il parcourue ?

4 Un pharmacien avait 24 tubes de dentifrice en début de semaine. Il en a vendu 6. **Combien lui en reste-t-il ?**

5 Nicolas a cuisiné 42 gâteaux et Auriane en a préparé 39.
Combien y a-t-il de gâteaux sur la table de la cuisine ?

6 Des écureuils apportent des noisettes afin de partager un goûter. L'écureuil roux en apporte 52 et l'écureuil brun 37.
Combien ont-ils de noisettes pour leur goûter ?

7 Un écureuil roux a 52 noisettes. Il en offre 37 à son ami l'écureuil brun.
Combien a-t-il encore de noisettes pour lui ?

8 Un gorille traverse la forêt pour aller goûter chez son ami le chimpanzé. Il apporte 7 bananes à chaque voyage et il fait 5 voyages.
Combien apporte-t-il de bananes ?

....

....

9 Jules observe une colonie d'otaries. Au départ, il y en a 85 sur la plage. Puis 38 otaries vont dans l'eau.
Combien reste-t-il d'otaries sur la plage ?

....

....

10 Au zoo, Romain compte 5 groupes de 25 crocodiles.
Combien y a-t-il de crocodiles ?

....

....

11 Au cirque, 2 groupes de 5 chevaux et 6 chiens savants quittent la piste. Il y avait 72 animaux au début.
Combien reste-t-il d'animaux sur la piste maintenant ?

....

....

12 J'ai 9 ans. Mon père est 4 fois plus âgé que moi. **Quel âge a mon père ?**

....

....

13 Voici les scores des équipes de basket :
- 136 pour Aix Maurienne Savoie Basket ;
- 93 pour Vichy.

a **Combien de points ont été marqués au cours de ce match ?**

....

....

b **Combien de points l'équipe d'Aix Maurienne Savoie a-t-elle marqués de plus que celle de Vichy ?**

....

....

14 Au ski, un forfait enfant coûte 17 €, un forfait adulte 28 €.
Combien vont coûter les forfaits de ski pour une famille de 2 adultes et 2 enfants ?

....

Calcul

Diviser pour partager ou grouper

Pour la fête de l'école, les élèves de CE1 doivent confectionner des sachets de bonbons. Ils ont 57 bonbons. Chaque sachet doit contenir 3 bonbons.

Cherchons

→ **Qui a raison ? Détermine le nombre exact de sachets.**

La division permet de partager ou de grouper.

Partager

Ex. : Kevin veut partager équitablement 6 bonbons entre Sophie et Claire.

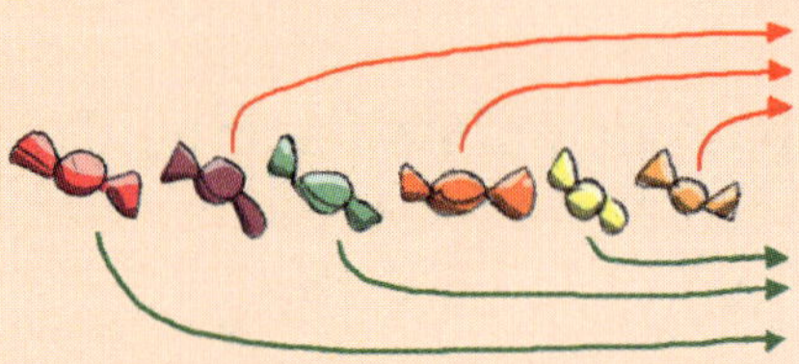

→ Chaque enfant aura 3 bonbons.
$3 \times 2 = 6$ peut s'écrire $6 : 2 = 3$.
Cela se lit « 6 divisé par 2 égale 3 ».

Grouper

Ex. : Alice a 12 roses. Elle veut faire des bouquets de 3 roses.

→ Elle fera 4 bouquets.
$4 \times 3 = 12$ peut s'écrire $12 : 3 = 4$.
Cela se lit « 12 divisé par 3 égale 4 ».

1 Mehdi doit transporter 16 ballons au gymnase. Il ne peut en transporter que 2 à la fois.
Combien devra-t-il faire de voyages ?

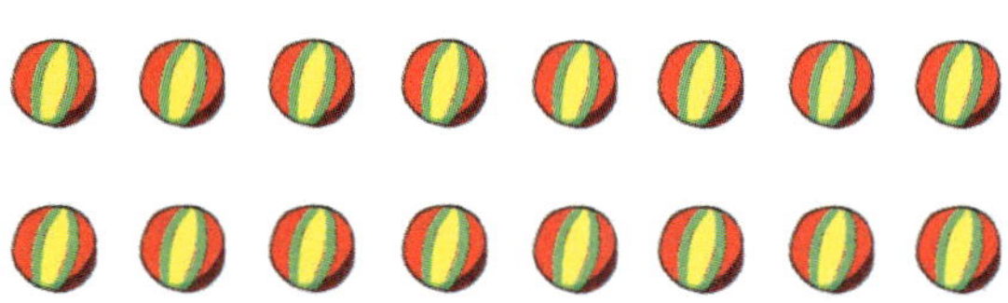

....

2 La fermière range ses œufs dans des boîtes de 6. Ce matin, elle a ramassé 30 œufs.
Combien lui faut-il de boîtes ?

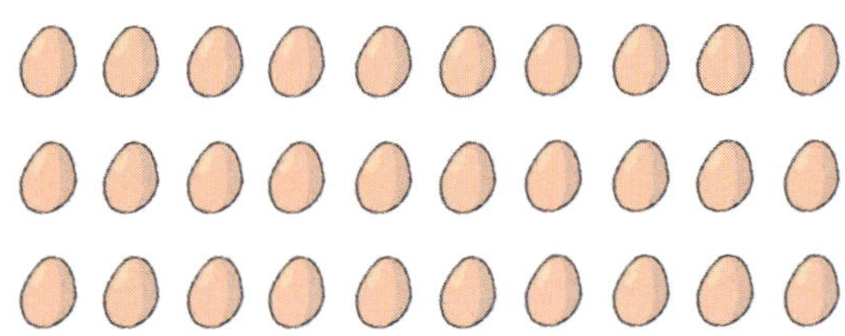

....

3 Pour le spectacle de fin d'année, les CE1 vont chanter. La chorale est organisée en 3 rangées régulières. Il y a 24 élèves.
Combien seront-ils par rangée ?

Pense à faire un schéma !

....

4 Pour faire 40 tomates farcies, la mamie d'Axel va au supermarché. Elle achète des grappes de 5 tomates chacune.

Combien de grappes lui faut-il pour faire toutes ses tomates farcies ?

....

5 Pour monter 5 placards, le fabricant a mis 30 vis dans le carton.
Combien de vis faut-il pour chaque placard ?

....

6 Narong prépare le goûter des éléphanteaux. Il a 75 morceaux de canne à sucre pour 3 éléphanteaux.
Combien chaque éléphanteau aura-t-il de morceaux de canne à sucre ?

....

....

7 Au zoo, le soigneur des makis catta a partagé équitablement 48 morceaux de fruits. Il a donné 4 morceaux à chaque maki catta.
Combien y a-t-il de makis catta dans la cage ?

....

....

Calcul

Diviser par 2 ou 5

Cherchons

Lors d'une course-relais, une équipe de 5 enfants doit parcourir 65 tours de stade. Ils décident de se répartir équitablement le nombre de tours à effectuer.

→ **Combien de tours devra faire chaque enfant ?**

- Pour diviser par 2, je cherche combien de fois je peux mettre 2 dans le nombre donné.
  34 : 2 = 17 car 17 × 2 = 34
  ↑
divisé par
- Pour diviser par 5, je cherche combien de fois je peux mettre 5 dans le nombre donné.
  65 : 5 = 13 car 13 × 5 = 65

1 Partage la collection en deux parts égales.

2 Partage la collection en cinq parts égales.

3 Complète.

a 7 × .... = 35
5 × .... = 10
2 × .... = 8
10 × .... = 50

b 3 × .... = 6
5 × .... = 25
8 × .... = 16
5 × .... = 20

c 2 × .... = 18
5 × .... = 40
10 × .... = 20
2 × .... = 4

d 2 × .... = 14
9 × .... = 45
3 × .... = 15
6 × .... = 30

4 Complète.

Dans chaque opération, les deux nombres doivent être identiques.

a 40 = ... + ...
100 = ... + ...
60 = ... + ...
20 = ... + ...

b 50 = ... + ...
48 = ... + ...
110 = ... + ...
64 = ... + ...

5 Calcule.

a 10 : 2 = ...
6 : 2 = ...
14 : 2 = ...
18 : 2 = ...

b 4 : 2 = ...
22 : 2 = ...
8 : 2 = ...
20 : 2 = ...

6 Calcule.

a 50 : 5 = ...
25 : 5 = ...
15 : 5 = ...
40 : 5 = ...

b 5 : 5 = ...
45 : 5 = ...
20 : 5 = ...
30 : 5 = ...

7 Calcule.

a 100 : 5 = ...
100 : 2 = ...
50 : 2 = ...
55 : 5 = ...

b 60 : 2 = ...
80 : 5 = ...
80 : 2 = ...
75 : 5 = ...

8 Dans la cour, 5 élèves se partagent 40 billes.
Combien chacun aura-t-il de billes ?

....

9 Un gardien de zoo partage 45 bananes entre 5 singes.
Combien chaque singe aura-t-il de bananes ?

....

10 Dans sa clinique, un vétérinaire donne 2 comprimés à chaque chien malade. Il a 32 comprimés.
Combien de chiens peut-il soigner ?

....

11 Un boulanger met 2 pralines dans chaque brioche. Il utilise 100 pralines.
Combien a-t-il préparé de brioches ?

....

12 Un peintre repeint une maison. Pour une pièce, il utilise 5 litres de peinture. Il a un pot de 25 litres.
Combien de pièces pourra-t-il repeindre ?

....

Calcul

Utiliser les fonctions de base de la calculatrice

26 élèves de CE1 font une sortie en forêt. Chacun doit ramasser 12 feuilles d'arbres différents.

Cherchons

→ **À toi de le faire.**
As-tu trouvé le résultat ? Fatia a-t-elle donné toutes les instructions ?

- La calculatrice sert à vérifier des opérations. On peut aussi l'utiliser lorsque les calculs sont longs ou difficiles. Mais parfois, tu vas plus vite à calculer de tête !
- Pour calculer 34 × 11, on tape :

ON 34 × 11 =

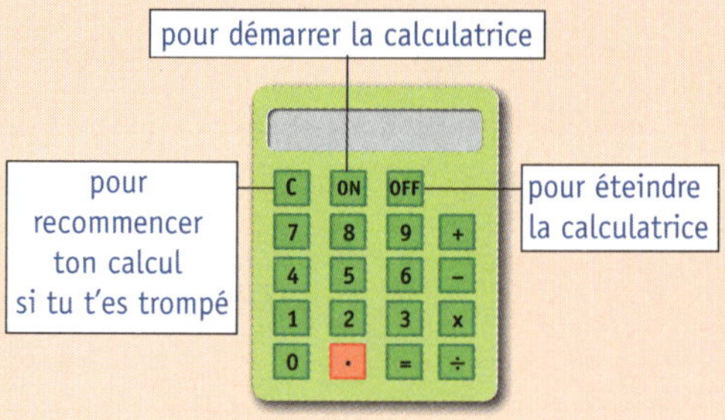

1 **Utilise ta calculatrice pour effectuer les calculs.**

a 28 + 15 = ...   c 27 + 35 = ...

b 19 + 18 = ...   d 13 + 2 + 10 = ...

2 **Utilise ta calculatrice pour vérifier les opérations. En cas d'erreur, écris la bonne réponse.**

a 5 + 7 + 13 = 25 ....

b 26 – 9 = 15 ....

c 57 + 36 + 92 = 175 ....

3 **Même exercice.**

a 258 + 92 + 432 = 782 ....

b 926 – 192 = 754 ....

4 **Pose et effectue les opérations puis utilise ta calculatrice pour vérifier les résultats.**

105 + 125 = ...   92 + 86 = ...

5 Complète les 3 tickets que tu peux calculer de tête, puis utilise la calculatrice pour compléter les 3 autres.

a

Dartirama

lecteur DVD	37 €
téléphone portable	169 €
appareil photo	45 €
cafetière	129 €
TOTAL :	....

b

Au joyeux cycliste

vélo	184 €
réduction	-39 €
points de fidélité	-5 €
bons d'achat	-10 €
TOTAL :	....

c

La bricothèque

peinture bleue	5 €
peinture jaune	5 €
peinture noire	5 €
peinture rouge	5 €
TOTAL :	....

d

Épicerie de la gare

farine	2 €
jus de fruits	5 €
shampooing	6 €
eau	1 €
TOTAL :	....

e

Le coin des champions

rollers	70 €
casque	20 €
sac à dos	10 €
combinaison de ski	50 €
TOTAL :	....

f

Au bonheur des enfants

blouson	89 €
bottes	58 €
imperméable	67 €
manteau	95 €
TOTAL :	....

6 À l'aide de ta calculatrice, trouve quel enfant a le plus grand résultat.

Ninon .... Clara .... Simon .... Grégoire ....

7 Avec ta calculatrice, calcule le nombre de battements de cœur par minute pour chacun de ces animaux.

Animal	Nombre de battements de cœur par seconde	Nombre de battements de cœur par minute
Musaraigne	10	....
Colibri	16	....
Moineau	8	....

Il y a 60 secondes dans une minute, donc tu dois multiplier les nombres de ce tableau par 60.

Animal	Nombre de battements de cœur par quart d'heure	Nombre de battements de cœur par minute
Baleine grise	135	....
Éléphant	375	....
Vache	975	....

Il y a 15 minutes dans un quart d'heure, donc tu dois diviser les nombres de ce tableau par 15.

Révisions

Diviser par 2 ou par 5

1 Partage les fraises en deux parts égales.

2 Partage les papillons en cinq parts égales.

3 Partage les clous en deux parts égales.

4 Calcule.

a 14 : 2 = ...
16 : 2 = ...
20 : 2 = ...
8 : 2 = ...
6 : 2 = ...

b 24 : 2 = ...
40 : 2 = ...
100 : 2 = ...
50 : 2 = ...
80 : 2 = ...

5 Calcule.

a 30 : 5 = ...
45 : 5 = ...
25 : 5 = ...
10 : 5 = ...
50 : 5 = ...

b 100 : 5 = ...
20 : 5 = ...
5 : 5 = ...
35 : 5 = ...
15 : 5 = ...

6 Divise par 2 pour trouver…

a

le poids du coyote en kg

30 : 2

....

b

la durée de vie du coati en années

14 : 2

....

c

la taille du suricate en cm

60 : 2

....

7 Divise par 5 pour trouver…

a

la durée de vie du dragon volant en années

15 : 5

……………………………

b

le nombre d'œufs pondus par le monstre de Gila

40 : 5

……………………………

c

le poids de l'iguane vert en kg

35 : 5

……………………………

Utiliser les fonctions de base de la calculatrice

8 Utilise ta calculatrice pour vérifier les résultats des opérations.

Écris « juste » ou corrige la réponse.

a 567 + 89 + 260 = 916 …………………

b 641 − 356 = 385 …………………………

c 319 × 3 = 657 ……………………………

d 450 : 2 = 225 ……………………………

9 Pose et effectue les opérations suivantes, puis utilise la calculatrice pour les vérifier.

70 + 35 + 479 264 − 184 67 × 3

10

Un entomologiste veut expédier au Muséum d'histoire naturelle les insectes qu'il a collectés dans la jungle. Il a 65 insectes et il peut en mettre 5 dans chaque boîte.

Combien de boîtes lui faut-il pour expédier toute sa collection ?

……………………………………………………………………………………

11

Marion étudie les orchidées sauvages. Elle a 78 fleurs prêtes à être rangées dans un herbier. Elle veut mettre 2 fleurs par page.

De combien de pages aura-t-elle besoin pour ranger toute sa collection ?

……………………………………………………………………………………

Problèmes : partages et groupements

1 Le jardinier prépare ses plantations de haricots. Il veut mettre 5 graines par trou. Il a 65 graines.
Combien doit-il préparer de trous ?

....

....

2 Emma partage 50 framboises entre 2 coupes à dessert.
Combien doit-elle mettre de framboises dans chaque coupe ?

....

....

3 Un bibliothécaire veut partager 50 magazines entre 5 classes. Il veut que chaque classe ait le même nombre de magazines.
Combien doit-il donner de magazines à chaque classe ?

....

....

4 L'école a commandé des ballons pour le sport. Chaque ballon a coûté 5 euros. La facture est de 100 euros.
Combien l'école a-t-elle commandé de ballons ?

....

....

5 Sarah veut partager son élevage de fourmis avec son amie. Elle a 80 fourmis.
Combien chaque fille aura-t-elle de fourmis ?

....

....

6 Un baleineau bleu boit 90 L de lait par jour. **S'il tète 5 fois par jour, combien boit-il de litres de lait à chaque tétée ?**

....

....

7 Lucille ramasse 56 coquelicots et 24 marguerites. Elle veut confectionner 2 bouquets identiques.
Combien chaque bouquet aura-t-il de fleurs ?

8 Il faut 1 petit épi de maïs pour faire 50 g de pop-corn.
Combien d'épis de maïs faut-il pour faire 500 g de pop-corn ?

9 En athlétisme, Léa a marqué 2 fois plus de points que Pierre. Elle a marqué 48 points. **Combien Pierre a-t-il marqué de points ?**

10 Les 5 enfants de l'équipe verte ont gagné des images.

Adem : 12 images
Marceau : 10 images
Camila : 11 images
Aliya : 9 images
Ajar : 13 images

Ils veulent se les partager pour que chacun en ait la même quantité.
Combien d'images aura chaque enfant après le partage ?

11 Un oiseau partage ses réserves pour l'hiver entre 5 cachettes. Il a 80 noisettes et 45 glands.

a **Combien y aura-t-il de noisettes dans chaque cachette ?**

b **Combien y aura-t-il de glands dans chaque cachette ?**

Situer un objet, donner sa position

Les Ménines (détail), Diego Vélasquez, 1656.

Cherchons

→ **Retrouve le personnage du tableau qui correspond à chaque devinette. Il peut y avoir plusieurs réponses !**

« Devant moi, il y a un chien. »
« Je suis entre une personne debout et une personne agenouillée. »
« Je suis à gauche du tableau derrière une jeune fille. »
« Je suis à droite du tableau. »
« Un enfant pose son pied sur moi. »

- La date est écrite **sur** le tableau.
- L'horloge se trouve **au-dessus** du tableau.
- L'alphabet est **à droite** de l'horloge.
- La peinture est **à gauche** de l'horloge.
- L'horloge est **entre** la peinture et l'alphabet.
- Un élève est **derrière** le tableau.
- **Sous** le tableau, il y a une frise numérique.
- La maîtresse est **devant** le tableau.

1 La classe de CE1 vient de recevoir la photo de classe des correspondants.

a Voici le message que Paul a reçu de son correspondant :

> « Je m'appelle Ronan. Je suis sur la ligne du bas de la photo. Je suis assis à gauche de la petite fille qui porte des lunettes. »

Entoure en bleu le correspondant de Paul.

b Voici le message que Lilas a reçu de sa correspondante :

> « Je m'appelle Suzy. Sur la photo, je suis entre deux garçons, au-dessus de l'enfant qui a un plâtre au bras et au-dessous de celle qui a deux couettes. »

Entoure en vert la correspondante de Lilas.

c Tom est à droite de celui qui a un pansement sur la joue.
De quelle couleur est son T-shirt ? ....

d Que porte l'enfant qui est tout en haut à gauche ? ....

2 Complète les consignes de la maîtresse à l'aide des étiquettes.

à gauche | à droite | sur | à l'intérieur de

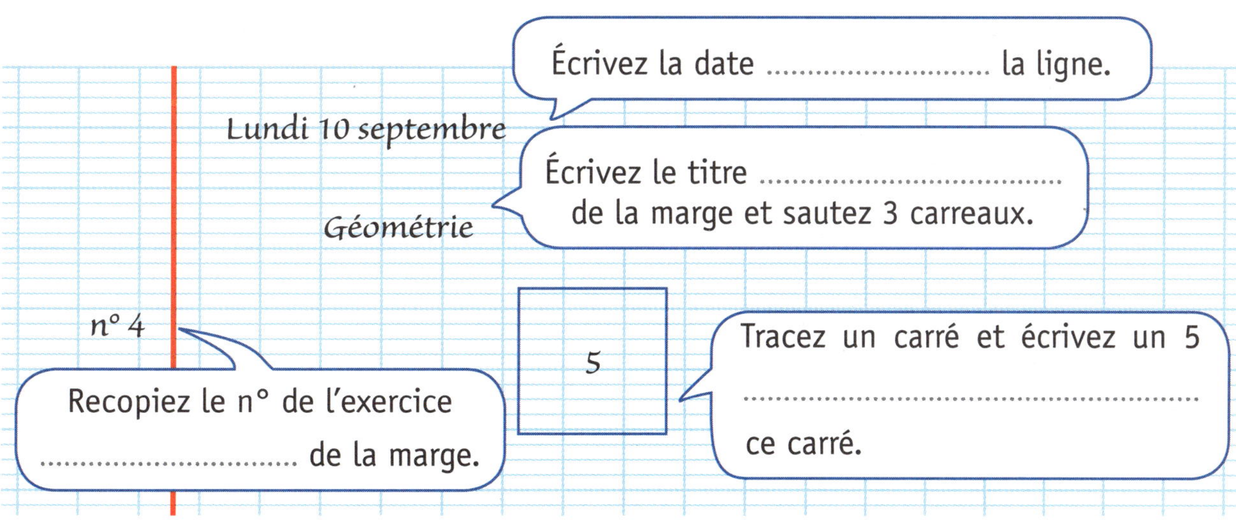

Repérer des cases, des nœuds d'un quadrillage

Cherchons

Sam et Rémi jouent à la bataille navale.
Voici les bateaux de Rémi.
Sam a déjà lancé des torpilles sur les cases (C; 2), (B; 5) et (D; 2).
Il pense avoir coulé un des bateaux de Rémi.

→ **Qu'en penses-tu ?**

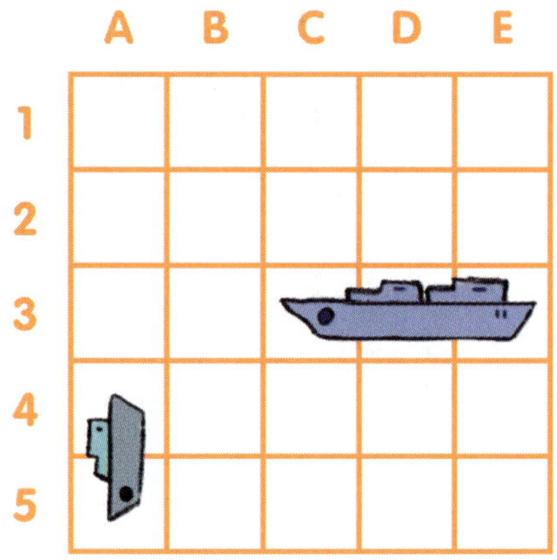

◗ Pour connaître la position d'une case ou d'un nœud dans un quadrillage, on utilise les repères de sa **ligne** et de sa **colonne**.

Le soleil est au croisement de la colonne C et de la ligne 4.

On dit que le soleil est sur la case **(C;4)**.

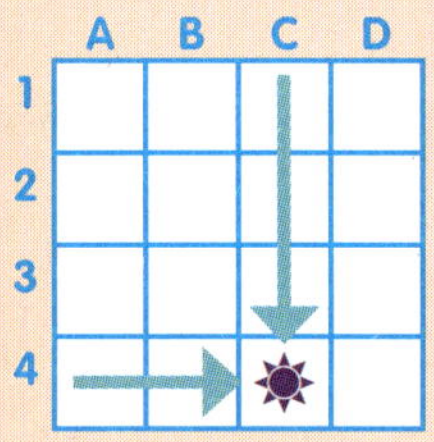

La lune est sur le nœud **(C;3)**.

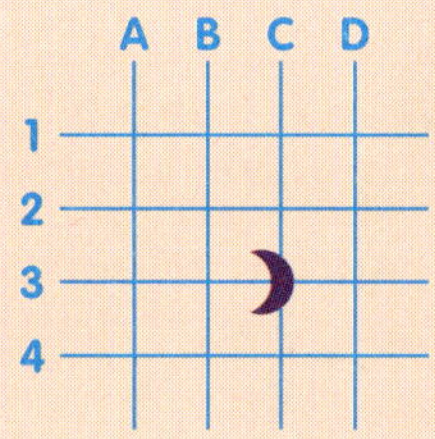

1 Complète.

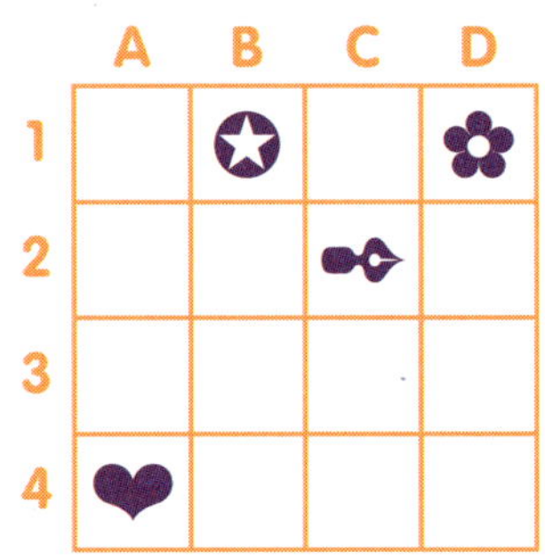

✿ (......; ......)
❤ (......; ......)
➳ (......; ......)
✪ (......; ......)

2 Place dans le quadrillage.

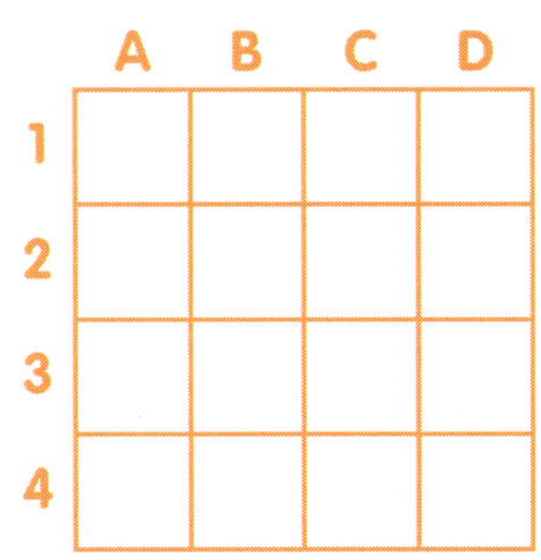

● (D; 2)
✖ (A; 4)
▲ (B; 3)
◗ (C; 4)

3 Complète.

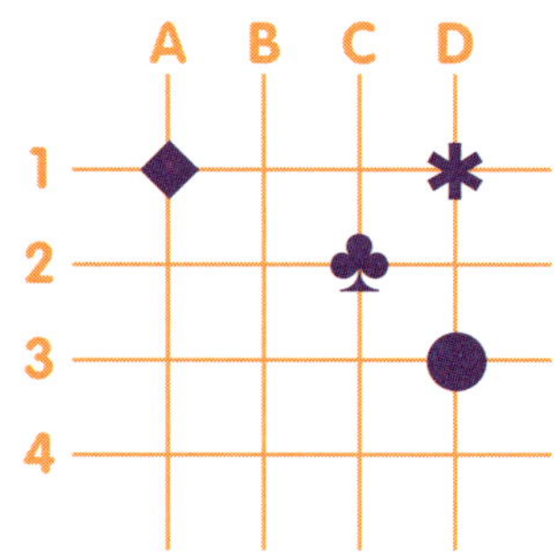

◆ (......; ......)
✱ (......; ......)
♣ (......; ......)
● (......; ......)

4 Place dans le quadrillage.

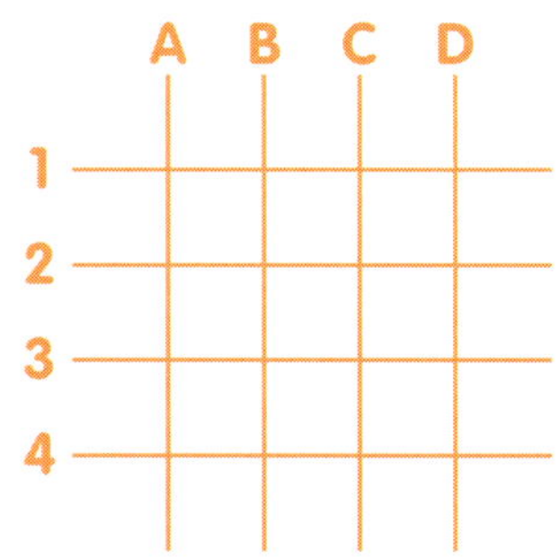

❤ (D; 2)
◆ (A; 4)
■ (B; 4)
● (C; 2)

5 Observe le tableau.

	A	B	C	D	E	F
1			aigle			
2		mouflon	ours	bouquetin		chamois
3	marmotte	lynx	lièvre		loup	
4	martre		renard	écureuil		sanglier

a Les animaux qui sont dans les cases suivantes sont des herbivores.

(B ; 2) (C ; 3) (D ; 4) (F ; 2) (A ; 3) **Écris leur nom.**

....

b Les animaux qui sont dans les cases suivantes sont des carnivores.

(E ; 3) (C ; 1) (A ; 4) (B ; 3) **Écris leur nom.**

....

6 Sam a gagné un lot à la loterie. Aide-le à déchiffrer le message pour qu'il puisse retirer son lot.

(A ; 4)	(D ; 5)	(E ; 1)	(B ; 3)	(C ; 2)
....	....	....	....	....

	A	B	C	D	E
1	e	i	f	g	b
2	h	p	m	o	s
3	q	u	t	j	v
4	a	w	r	x	d
5	n	h	c	l	k

7 Place ces points et relie-les dans l'ordre. Tu découvriras mon animal préféré.

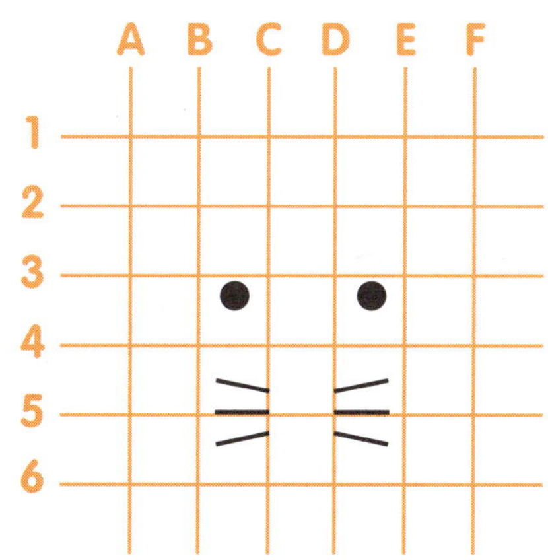

Décrire un déplacement

Cherchons

Étienne a codé le déplacement d'une fourmi qui a suivi des miettes jusqu'à un gâteau.

↓	↓	→	→	↓	↓	→	→	↑	→	→	↓	↓	↓	↓

→ **Qu'en penses-tu ?**

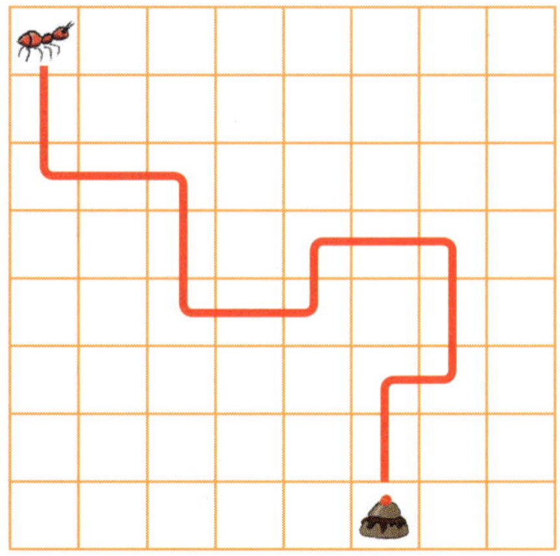

- Pour suivre un déplacement, j'utilise les cases ou les lignes du quadrillage et je suis le sens des flèches !
- Pour décrire un chemin, j'écris les flèches qui correspondent aux déplacements :

à droite → à gauche ← en bas ↓ en haut ↑

1 Code le parcours de chaque voiture.

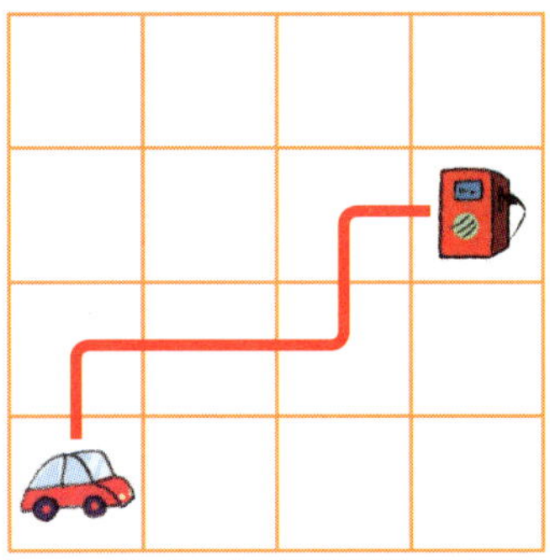

Exemple :

↑	→	→	↑	→

a

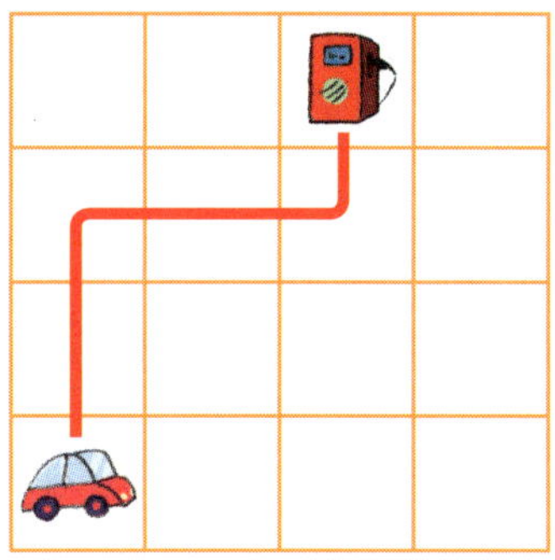

b

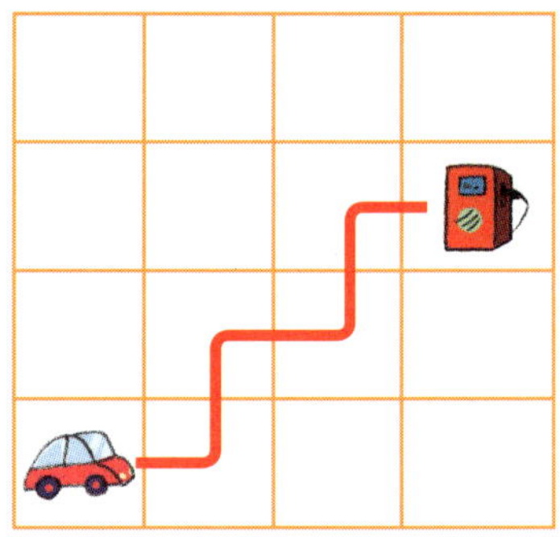

2 Thomas a reçu un code pour aller à un anniversaire. Entoure la maison où se passe cet anniversaire.

Code :

→	→	↓	↓	→	↓	↓	←	↓	↓	↓	↓	→	→

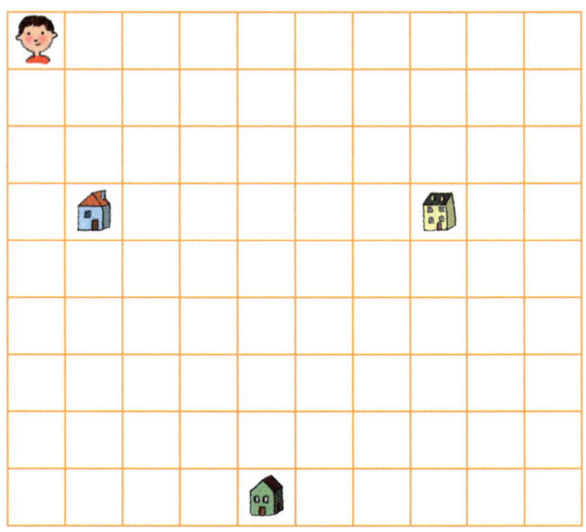

3 Trace le chemin de Thomas et trouve son jeu préféré.

↓	→	↓	↓	→	→	↓	→	↓	↓	↓	↓	→

4 Trace le chemin du rouge-gorge jusqu'à l'endroit où il veut faire son nid. Dessine-le.

→	↓	↓	→	↓	↓	→	↓	→	→	→	→

5 Thomas a caché un coffret. Code le chemin pour le retrouver.

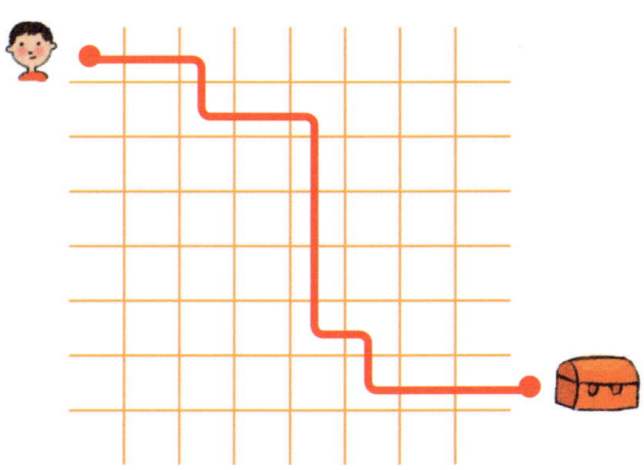

6 Trace un chemin avec 10 déplacements, puis code-le.

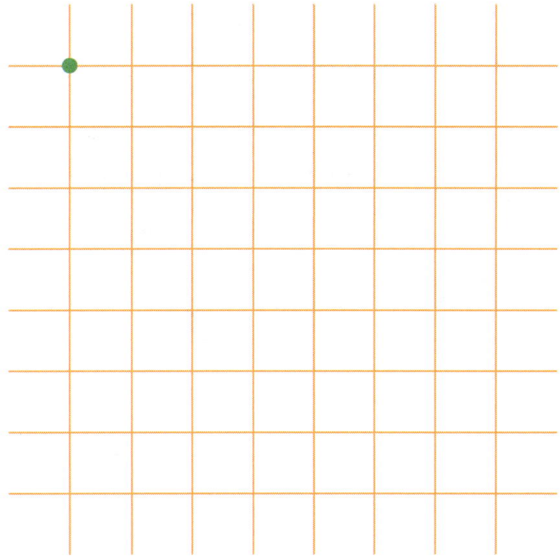

7 Trace les chemins.

a À partir du point vert :

↑	↑	↑	↑	↑	↑	↑	→	↓	→	↑	→	↓	→

↑	→	↓	↓	↓	↓	↓	↓	↓	←	←	←	←	←

b À partir du point rouge :

↑	↑	↑	→	↓	↓	↓

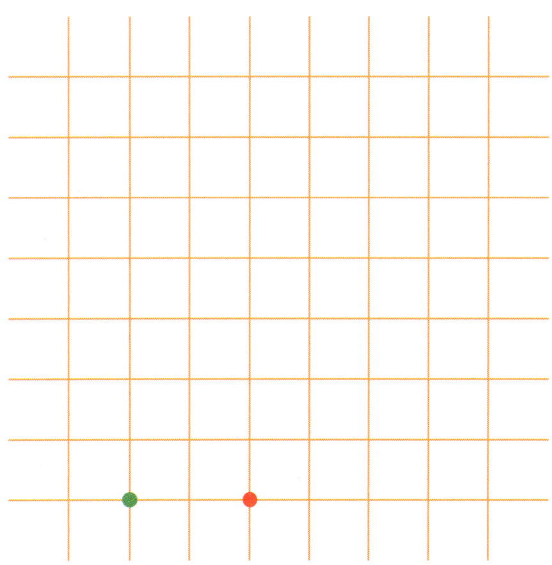

Connaître le vocabulaire géométrique

Kandinsky, *Trente*.

Voici trois détails d'un tableau de Kandinsky :

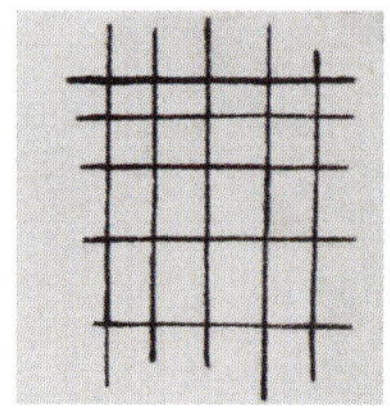

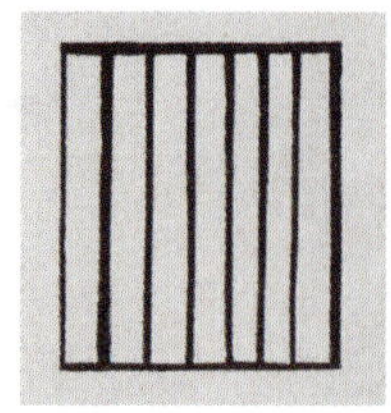

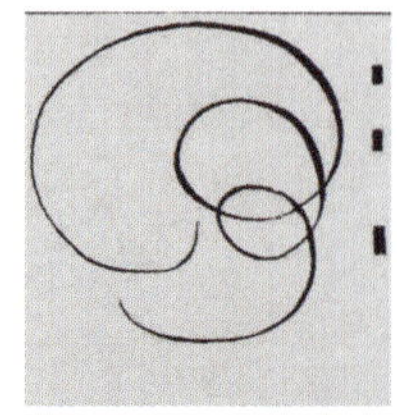

Cherchons

→ Associe-les à la bonne description :

6 segments à l'intérieur d'un rectangle.	5 droites qui croisent 5 autres droites en formant des angles droits.	3 points et une ligne courbe.

- Voici un **point** A : × A
- Voici un **segment**. C'est une ligne droite qui relie deux points. Il se note [BC].

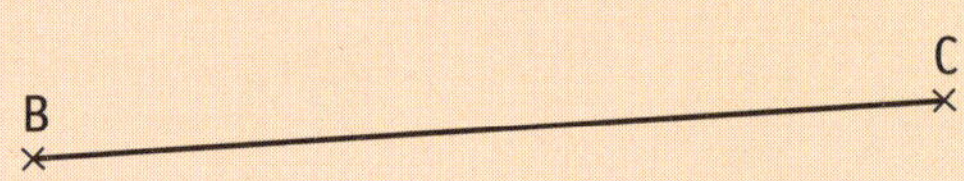

- Voici une **droite**. C'est une ligne qui passe par un très grand nombre de points et ne se termine jamais.

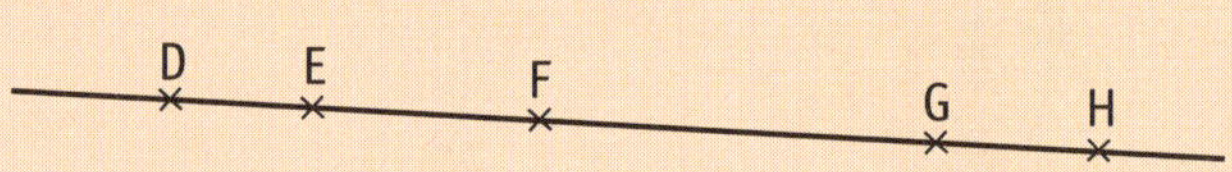

- Voici une figure plane :

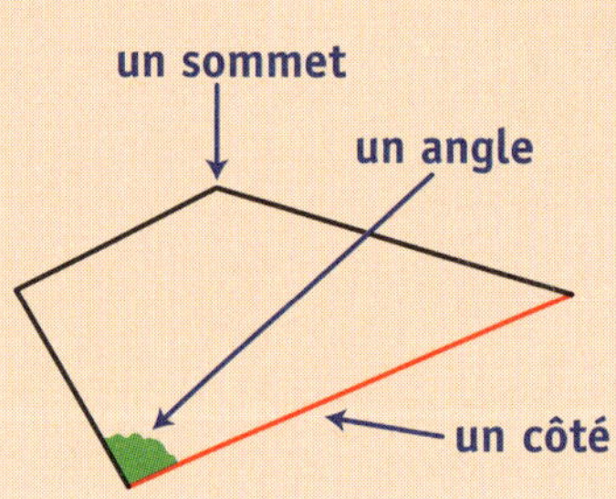

1 Trace :
- une droite verte ;
- un segment [AB] qui coupe la droite ;
- un point C au-dessus du segment ;
- un point D au-dessous du segment.

2 Redonne à chaque enfant sa fiche de travail.

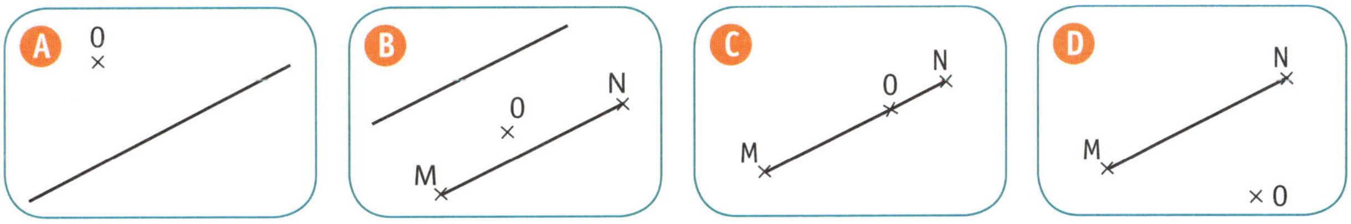

Trace un segment [MN] et place un point O sur ce segment.

Trace un segment [MN] et place un point O au-dessous de ce segment.

Trace une droite et un segment [MN] et place un point O entre la droite et le segment.

Trace une droite et place un point O au-dessus de cette droite.

Romain .... Antoine .... Maud .... Mila ....

3 Retrouve la figure de chaque élève.

Tom .... Lisa .... Zoé ....

4 Suis les consignes pour compléter le dessin.

a Repasse en bleu la droite qui passe par les points A et B.

b Nomme E, F et G les 3 sommets de la figure H.

c Trace le segment qui relie les points B et D.

d Repasse d'une couleur différente chaque côté de la figure I.

e Place un point K sur un des côtés de la figure J.

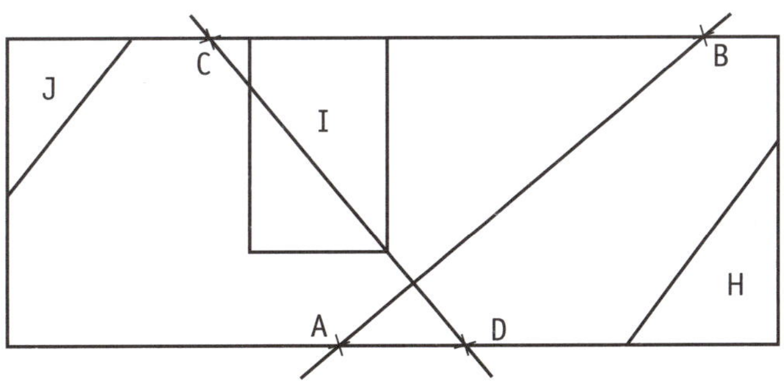

Percevoir et reconnaître l'alignement et l'angle droit

Cherchons

Chloé et Xavier jouent au morpion. Pour gagner, il faut aligner 3 croix ou 3 ronds.

→ **Qui a raison ?**

- Trois éléments sont **alignés** s'ils sont situés sur la **même droite**.

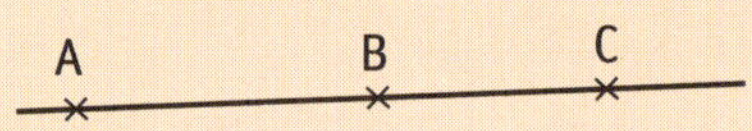

Les points A, B et C sont **alignés** ; ils sont situés sur une **même droite**.

- Pour savoir si un angle est droit, je vérifie avec un gabarit ou une équerre.

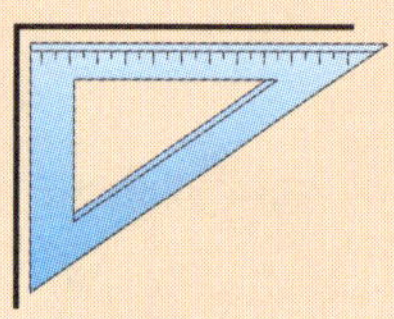

C'est un angle droit.

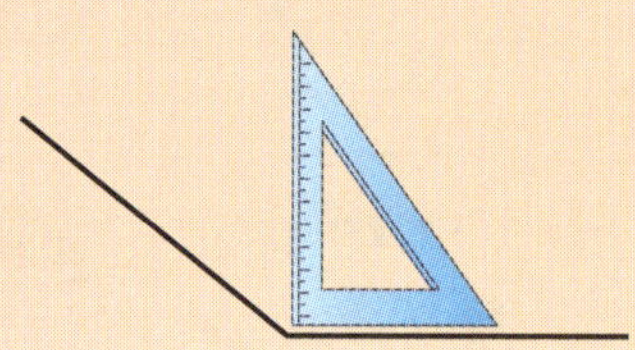

Ce n'est pas un angle droit.

1 Écris les couleurs de 4 quilles alignées.

....

....

....

....

2 Entoure en bleu trois points alignés puis trois autres en vert.

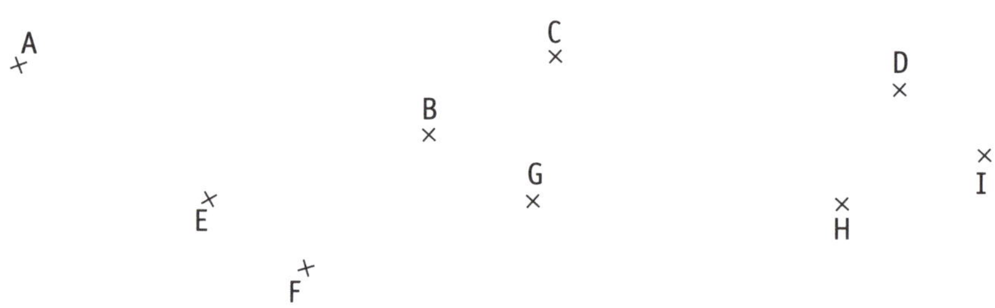

3 **a** Construis un gabarit d'angle droit. Plie une feuille de papier en 2. Puis encore en 2.

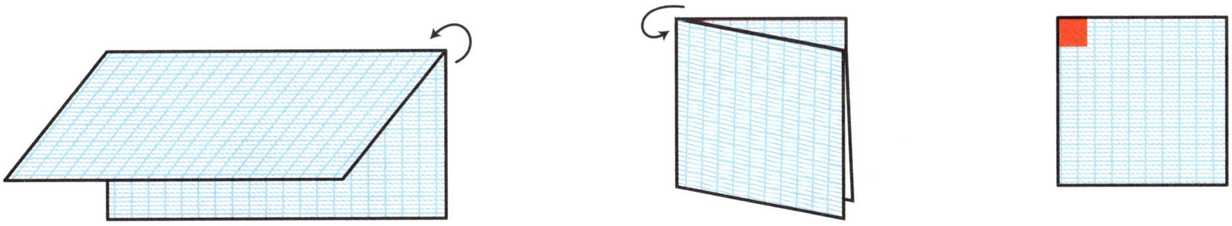

b Utilise ton gabarit pour trouver les angles droits dans ces figures. Note-les.

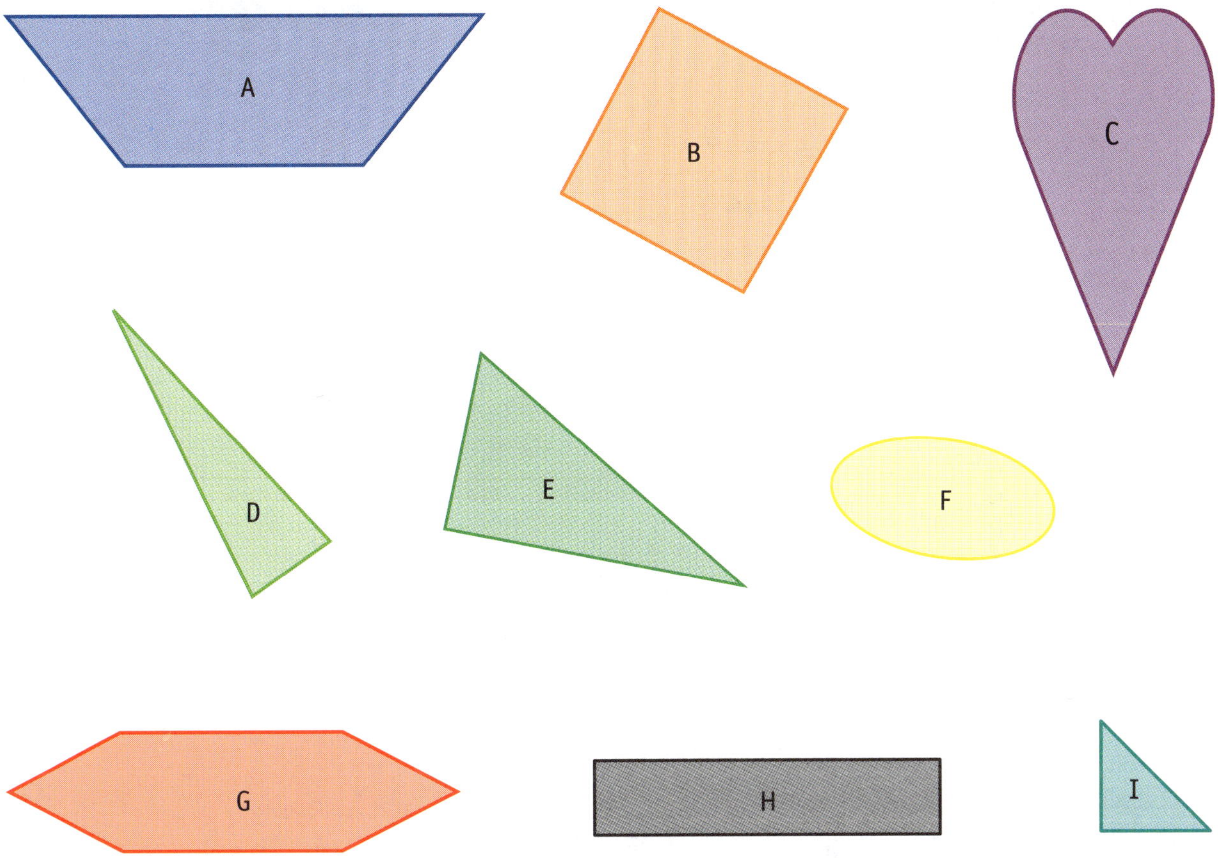

4 **Recherche avec ton gabarit tous les angles droits et note-les.**

5 **Recherche avec ton gabarit au moins 6 angles droits et note-les.**

Révisions

Situer un objet, donner sa position

1 Retrouve les chiffres pour connaître le poids (en kg) de chaque ours.

L'ours à lunettes

A	B	C ....

L'ours à collier

D	E	F ....

2	4	1	0
1	5	2	3
3	4	1	7
5	7	9	8

- A Chiffre entre le 4 et le 0.
- B Chiffre entre les deux 4.
- C Chiffre sous le 0.
- D Chiffre à gauche du 5.
- E Chiffre à droite du 9.
- F Chiffre au-dessus du 8.

Repérer des cases et des nœuds d'un quadrillage

2 Colorie les cases pour faire un tableau à la manière de Mondrian !

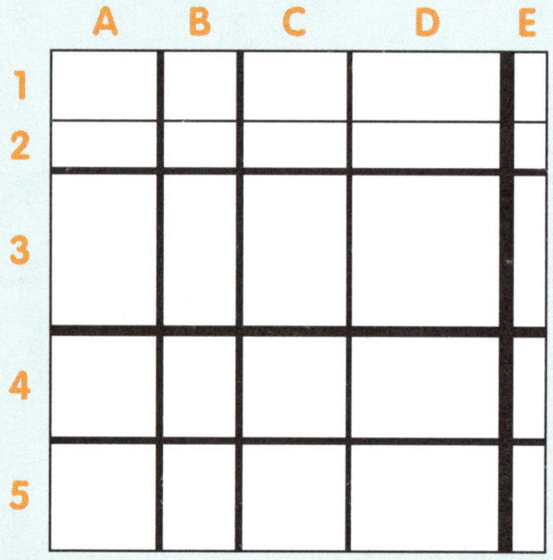

Rouge : (D ; 3), (A ; 5), (E ; 4)
Jaune : (A ; 1), (B ; 1), (D ; 2), (C ; 4)
Bleu : (B ; 2), (D ; 5)
Noir : (E ; 1), (E ; 2), (A ; 3), (B ; 3), (B ; 5)

3 Place les points sur le quadrillage puis relie-les dans l'ordre des étiquettes. N'oublie pas de fermer la figure.

(A ; 1) (C ; 3) (E ; 1) (D ; 4) (B ; 4)

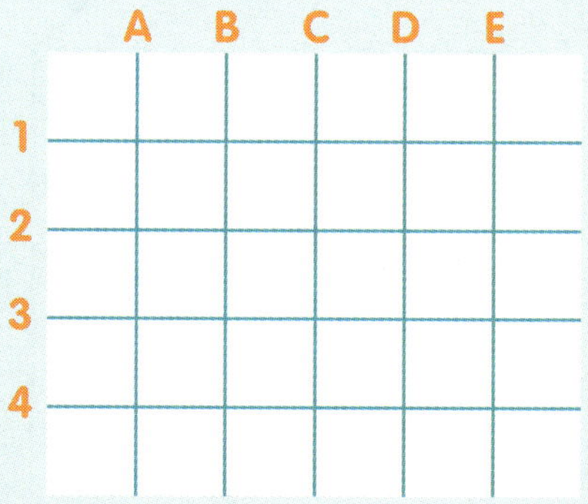

Décrire un déplacement

4 **Observe le déplacement du poisson et dessine son chemin.**

→	→	→	↓	→	↓	←	←	↓	↓	↓	→	↑	→

Connaître le vocabulaire géométrique

5 **Complète les phrases.**

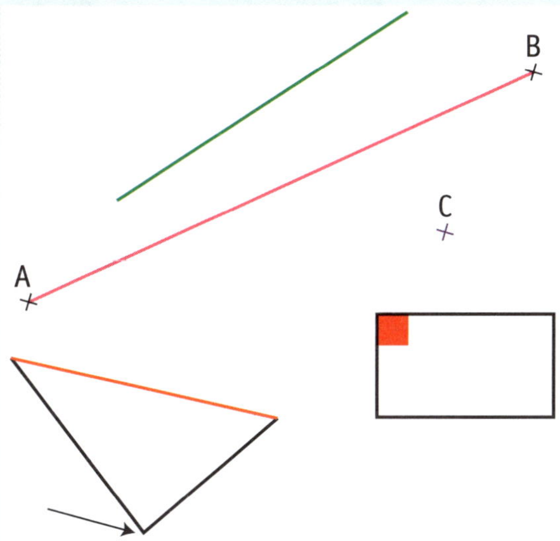

a Je suis indiqué par une flèche, je suis ....

b Je suis en vert, je suis ....

c Je suis en violet, je suis ....

d Je suis en rose, je suis ....

e Je suis en rouge, je suis ....

f Je suis en orange, je suis ....

Percevoir et reconnaître l'alignement

6 **Colorie en gris :**

– les ronds qui sont alignés avec les ronds gris ;

– le triangle qui est aligné avec les triangles gris.

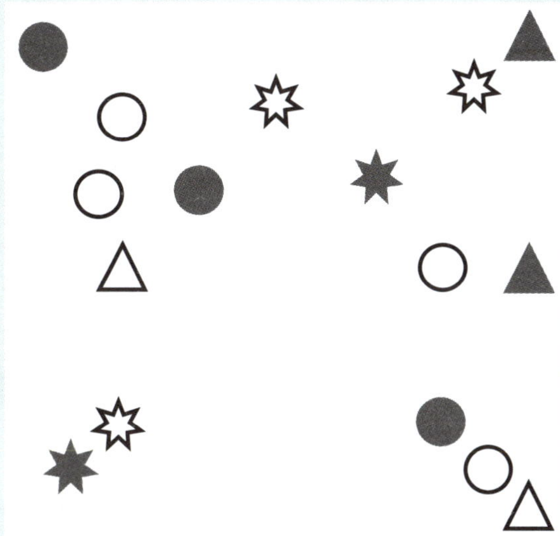

Percevoir et reconnaître l'angle droit

7 **Utilise ton gabarit pour trouver les angles droits.**

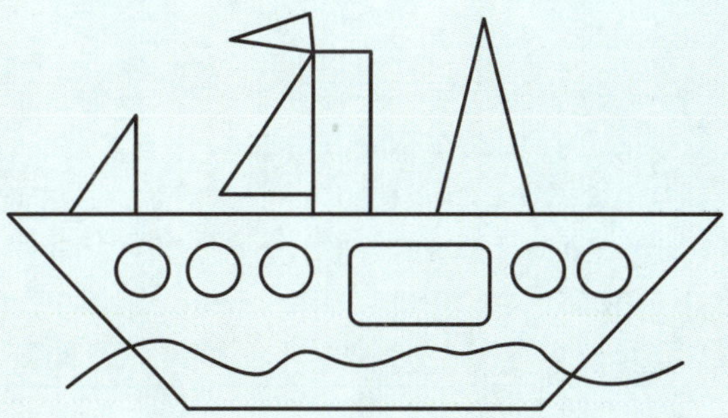

8 **Le robot doit aller se brancher. Attention, il ne peut tourner qu'à angle droit. Trace un chemin possible.**

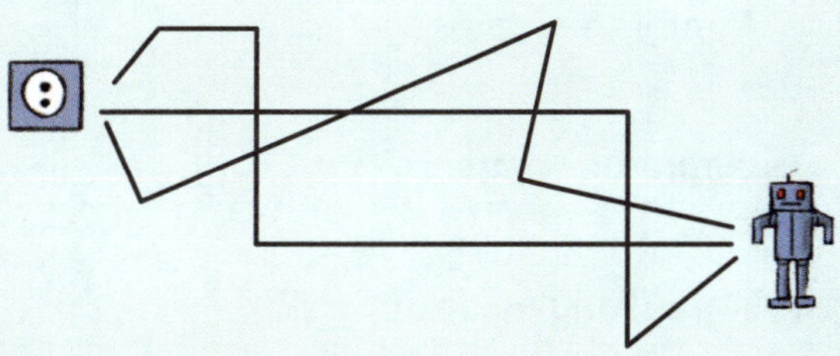

Décrire un carré, un rectangle, un triangle rectangle

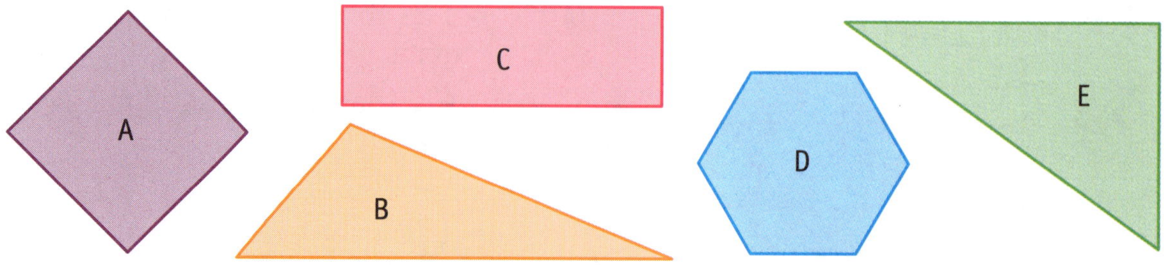

Cherchons

→ **Attribue à chaque enfant sa figure.**

Le rectangle	Le carré	Le triangle rectangle
 Il a 2 longueurs identiques (en bleu) et 2 largeurs identiques (en orange). Il a aussi 4 angles droits (en rouge).	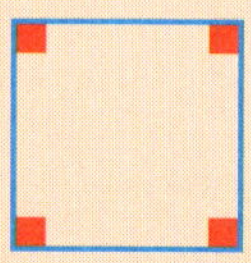 Il a 4 côtés de même longueur. Il a aussi 4 angles droits.	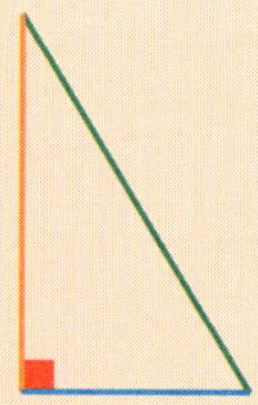 C'est un triangle qui a un angle droit.

1 **Complète le tableau.**

Figures	A	B	C	D	E
Nombre de côtés	....	....	....	....	....
Nombre de sommets	....	....	....	....	....
Nombre d'angles droits	....	....	....	....	....

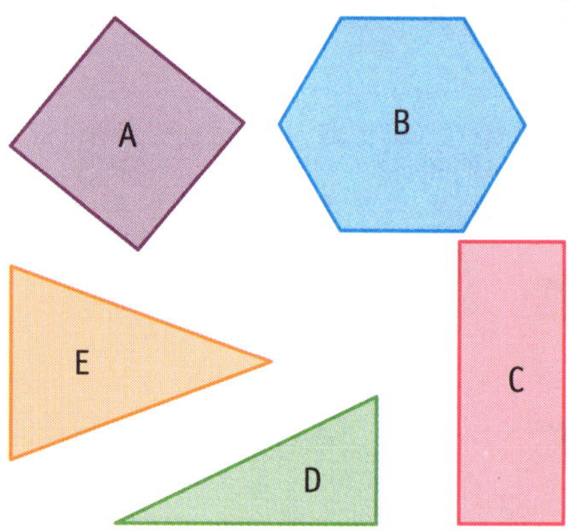

2 Indique l'angle droit sur les triangles rectangles, barre les autres triangles.

3 Colorie en vert les carrés et en rouge les rectangles.

4 Réponds aux questions.

a Peux-tu retrouver la figure de Tom ?

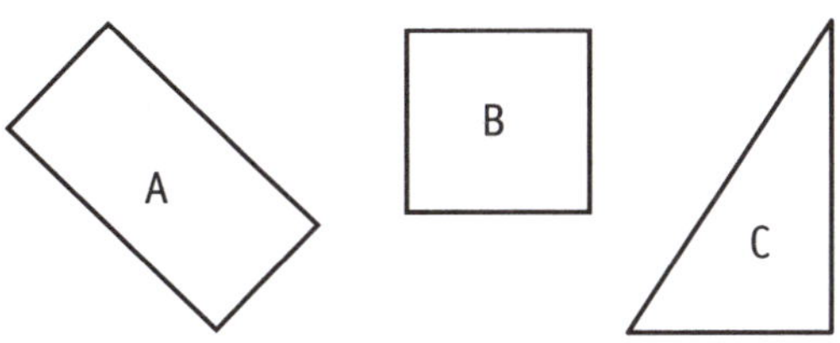

Ma figure a 4 côtés de même longueur.

Tom ....

b Peux-tu retrouver la figure de Léa ?

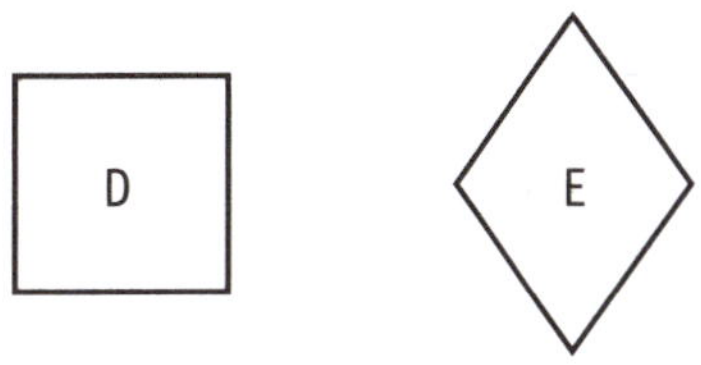

Ma figure a 4 angles droits.

Léa ....

Reproduire et tracer un carré, un rectangle, un triangle rectangle

Cherchons

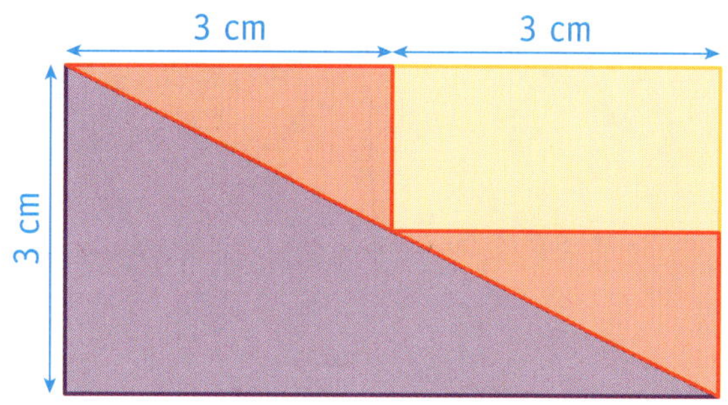

➜ **Comment ferais-tu pour reproduire cette figure ?**

▶ Pour reproduire ou tracer un carré, un rectangle ou un triangle rectangle, j'utilise **la règle** et **l'équerre**, et ce que je sais de ces figures.

1 **Reproduis les figures.**

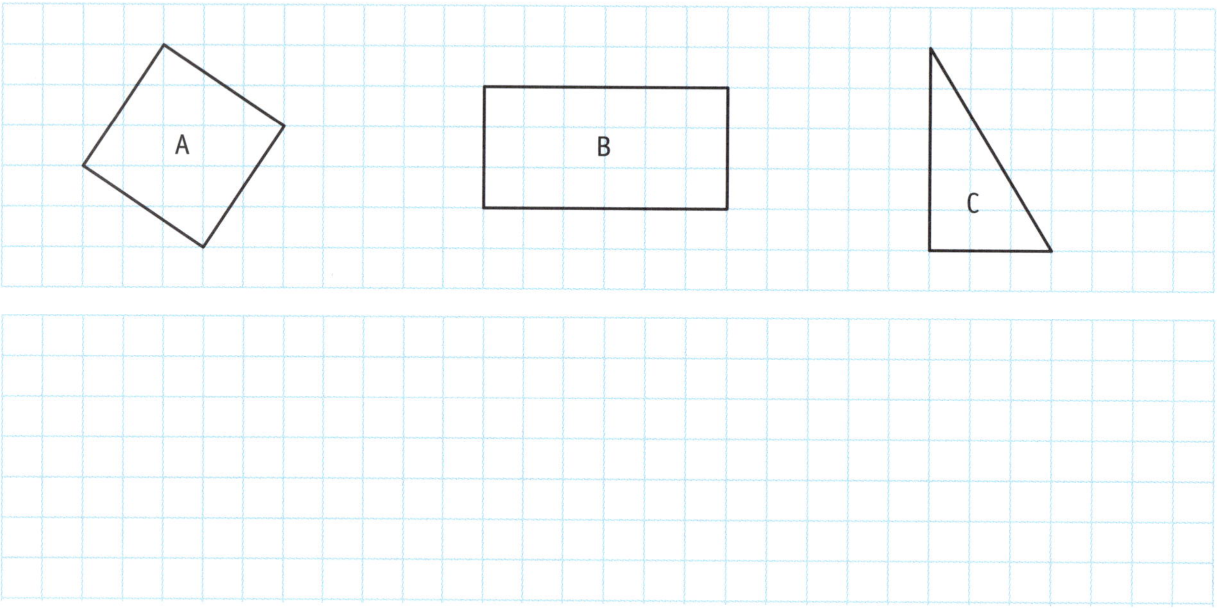

2 **Complète les figures pour que A soit un triangle rectangle, B un carré et C un rectangle.**

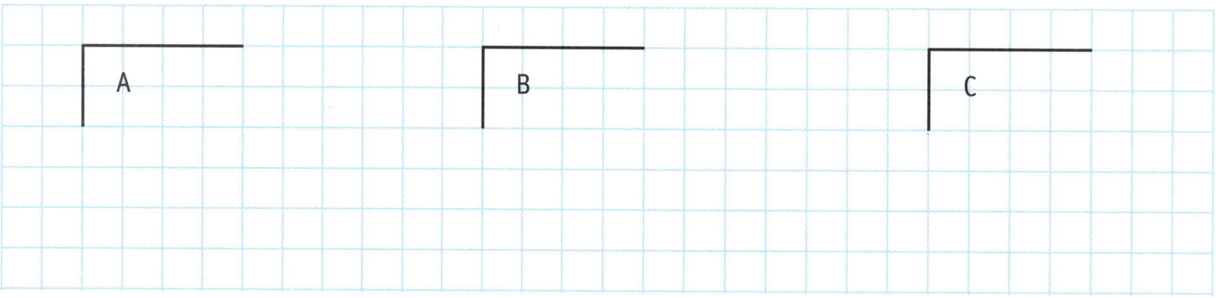

3 **Reproduis les figures et colorie le carré en jaune, le triangle rectangle en bleu et le rectangle en rose.**

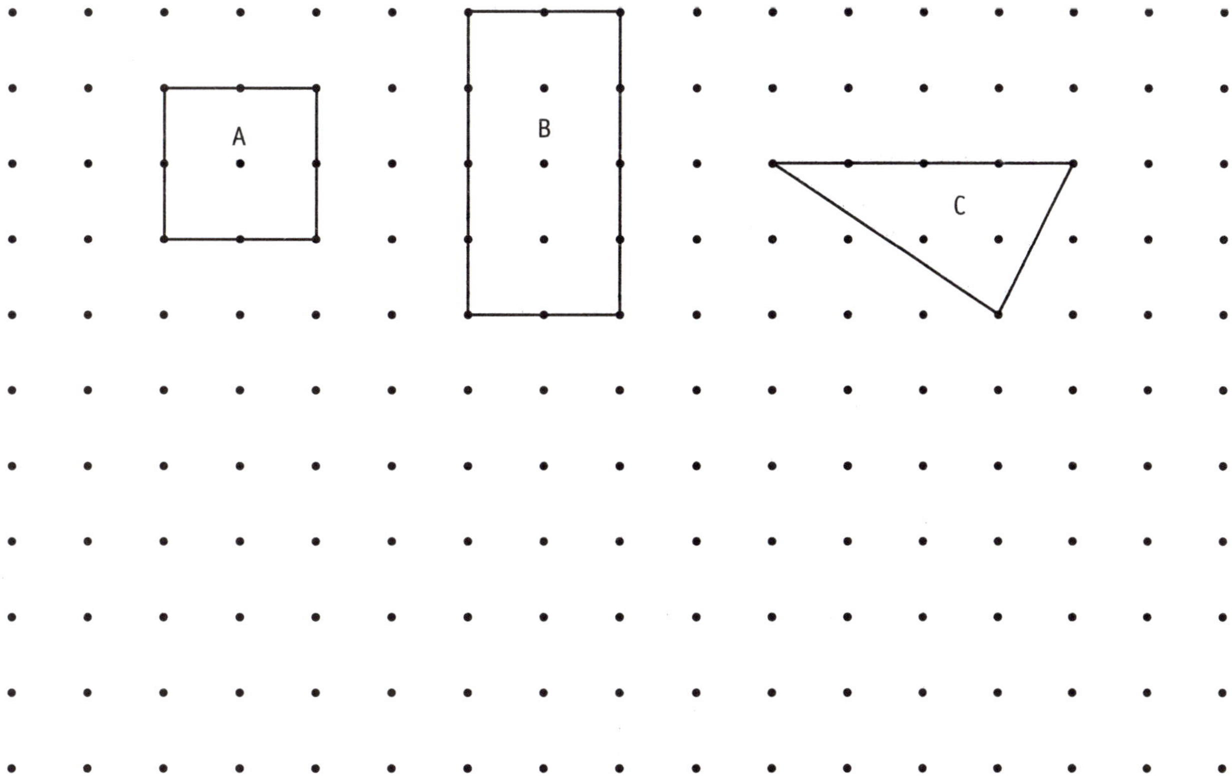

4 **Dans le cadre ci-dessous, trace :**

a un carré A de 5 cm de côté ;

b un rectangle B de 4 cm de largeur et de 7 cm de longueur ;

c un triangle rectangle C dont un côté mesure 3 cm et un autre côté mesure 8 cm.

Percevoir et reconnaître l'axe de symétrie d'une figure

Cherchons

Recette pour une figure symétrique :
- prendre une feuille de papier
- la plier en deux et la réouvrir
- prendre plusieurs couleurs de peinture et déposer des gouttes sur la partie droite
- plier à nouveau et appuyer fortement
- réouvrir et observer

→ **Que remarques-tu ?**

- Lorsqu'on plie cette figure le long de la droite rouge, les deux morceaux de la figure se superposent. On dit que la droite rouge est un **axe de symétrie.**
- Attention ! La droite bleue n'est pas un axe de symétrie !

1 Entoure les figures qui ont un axe de symétrie.

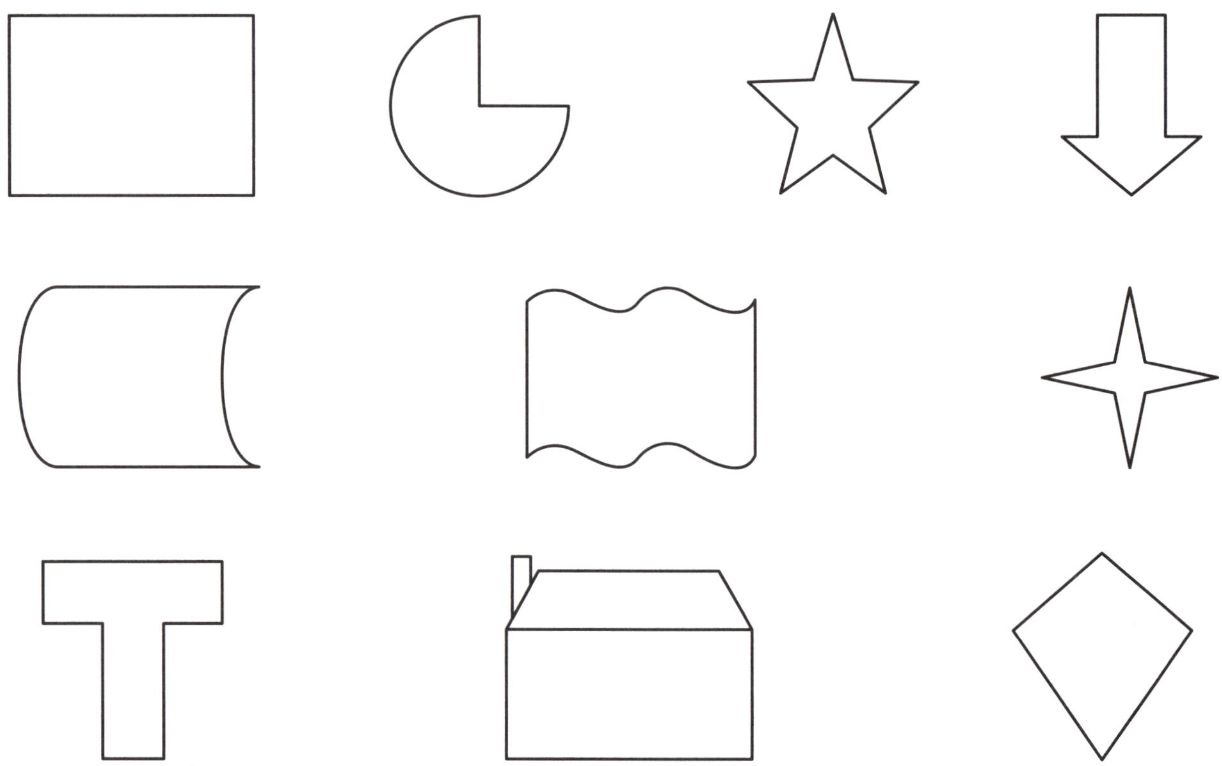

2 **Entoure les figures qui ont un axe de symétrie.**

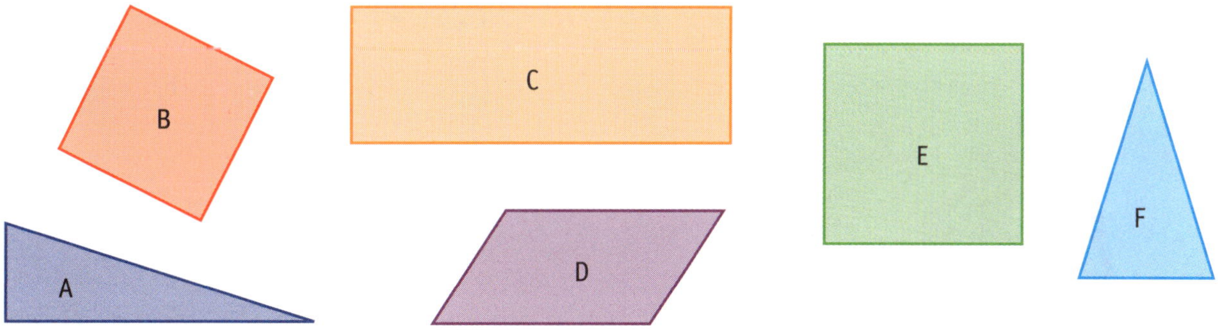

3 **Entoure les groupes d'images qui possèdent un axe de symétrie.**

a

b

c

4 **Colorie les cases de façon symétrique par rapport à l'axe.**

5 **Trace l'axe ou les axes de symétrie de chaque image.**

Masque de carnaval.

Château de Cheverny, France.

Chaise Swan,
Arne Jacobsen.

Reconnaître, nommer et décrire des solides droits : cube, pavé

Cherchons

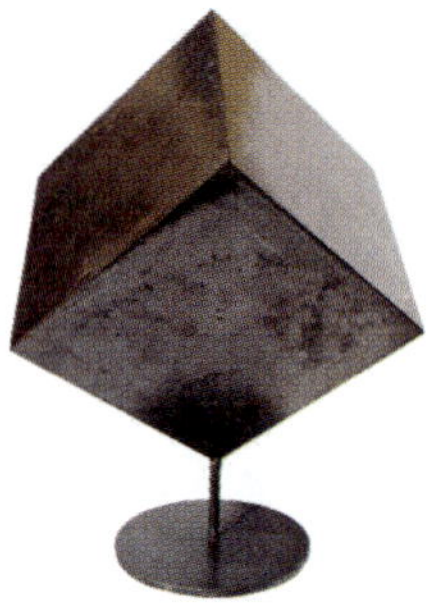

Cube d'acier,
Philippe Lonzi.

→ **Ce solide est-il un cube ?**
→ **Comment peux-tu le vérifier ?**

▸ Voici un cube :

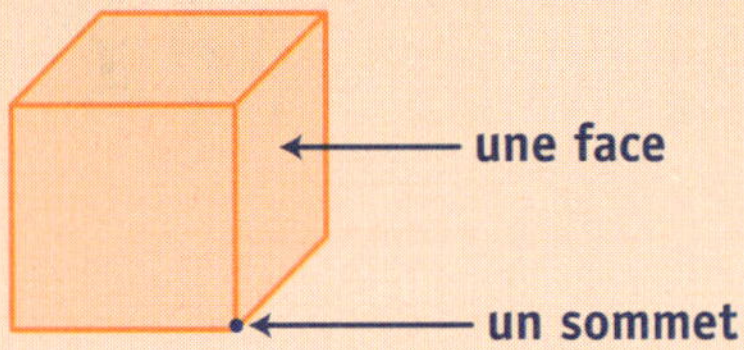

▸ Voici un pavé :

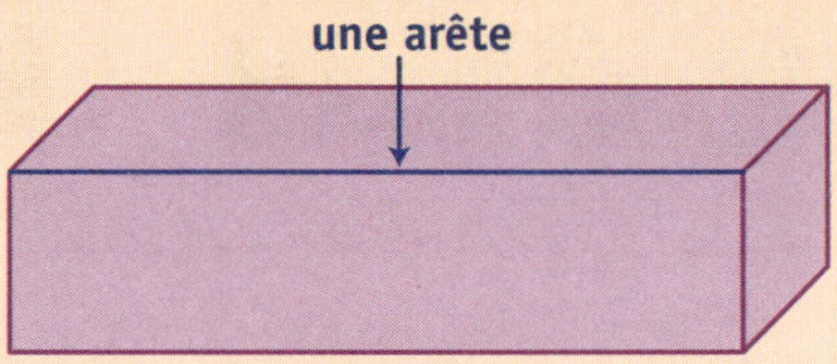

1 **Observe ces objets. Entoure en bleu les cubes et en vert les pavés.**

A

B

C

D

E

F

H

I

G

J

K

2 Utilise les photos de l'exercice 1 pour compléter les affirmations.

a Ils peuvent faire une empreinte de la même forme que celle-ci :

....

b Ils peuvent faire une empreinte de la même forme que celle-ci :

....

3 Observe ces objets et complète.

a Ce sont des cubes : ....

b Ce sont des pavés : ....

A

B

C

D

E

F

G

H

4 Complète le tableau :

	Nombre de faces	Nombre de sommets	Nombre d'arêtes
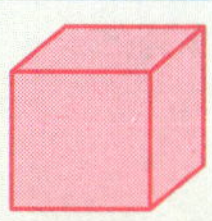	....	....	....
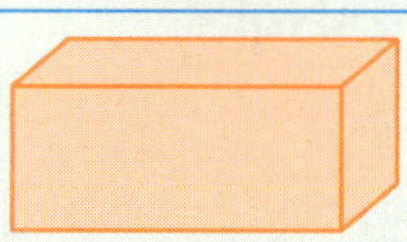	....	....	....

5 Écris la réponse à la devinette de chaque enfant.

Auriane — Émeric — Nicolas

Je suis .... Je suis .... Je suis ....

Révisions

Décrire un carré, un rectangle et un triangle rectangle

1 Associe chaque figure à sa description.

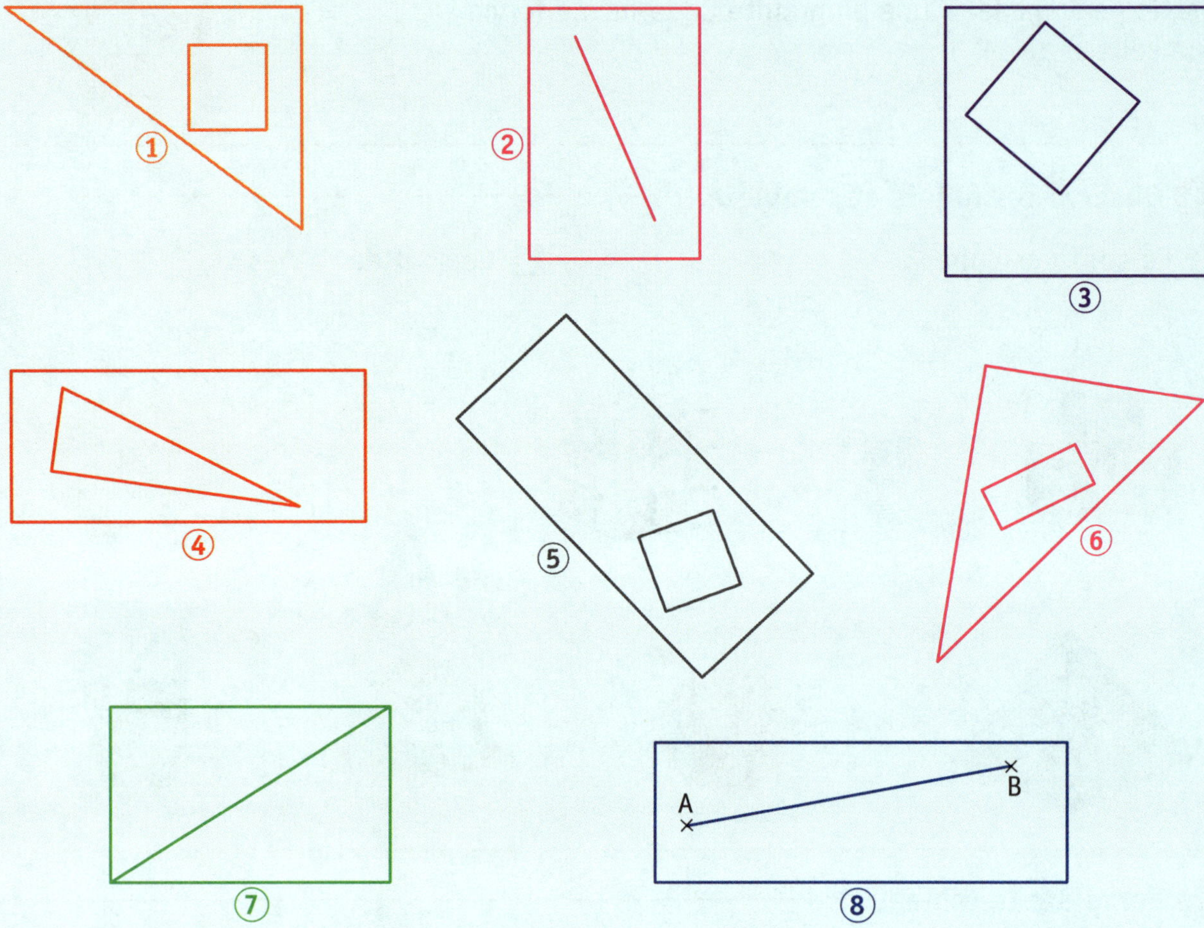

a Un carré dans un carré. ....

b Un rectangle dans un triangle rectangle. ....

c Un carré à l'intérieur d'un triangle rectangle. ....

d Un rectangle composé deux triangles rectangles. ....

e Un triangle rectangle dans un rectangle. ....

f Un carré à l'intérieur d'un rectangle. ....

g Un segment à l'intérieur d'un rectangle. ....

h Une droite à l'intérieur d'un rectangle. ....

2 Complète les phrases.

a J'ai .... angles droits et .... côtés de même longueur.
Je suis un

....

b J'ai 1 angle ....
et 3 ....
Je suis un

....

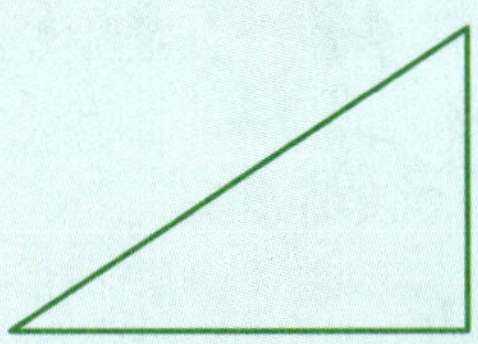

Reproduire et tracer un carré, un rectangle, un triangle rectangle

3 **Construis les figures suivantes.**

a Un carré de 3 cm de côté dont l'un des sommets s'appelle C. Il y a un segment à l'intérieur du carré.

b Un triangle rectangle dont un des côtés fait 4 cm et l'autre fait 2 cm. Son angle droit est marqué en rouge.

Percevoir et reconnaître l'axe de symétrie

4 **Entoure les figures qui ont un axe de symétrie.**

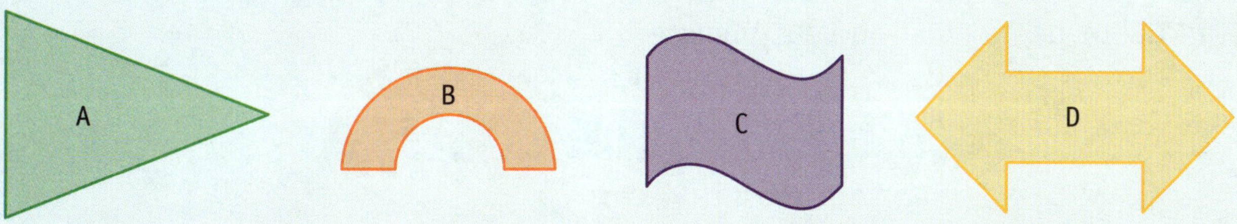

Reconnaître, nommer et décrire quelques solides droits : cubes, pavés

5 **Indique le numéro de la figure construite par chaque enfant.**

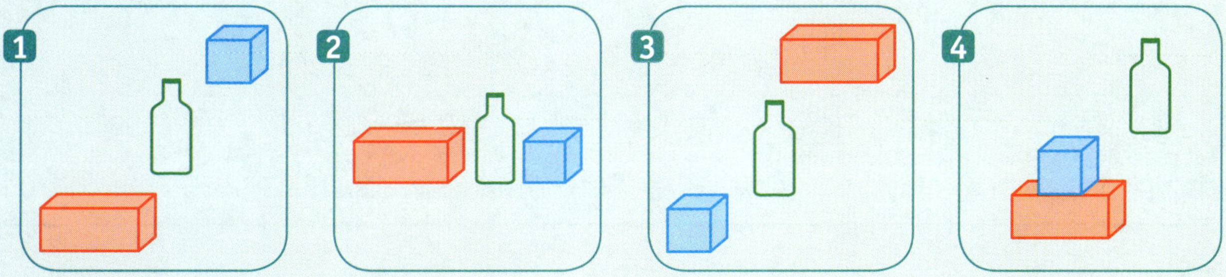

Sam : « Mon pavé est derrière la bouteille et mon cube devant la bouteille ». ....

Lilou : « Mon pavé est à gauche de la bouteille et mon cube à droite de la bouteille ». ....

Tim : « Mon pavé est devant la bouteille et mon cube derrière la bouteille ». ....

Julia : « Mon pavé est sous mon cube et la bouteille est derrière ». ....

Mesurer des segments, des distances

Amine, Matthieu et Camille veulent mesurer le segment rouge.

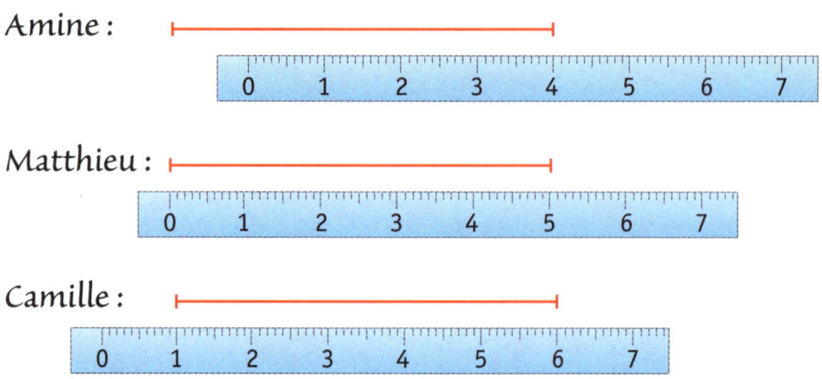

Cherchons

→ **Amine trouve que le segment mesure 4 cm, Mathieu 5 cm et Camille 6 cm. Qui a raison ?**

→ **Combien le segment mesure-t-il ?**

▶ Pour mesurer avec une **règle graduée**, il faut bien placer la graduation 0 au début de ce que l'on veut mesurer.

Le segment mesure **4 cm.**

1 **À l'aide de ton double décimètre, mesure les segments suivants et note ta réponse.**

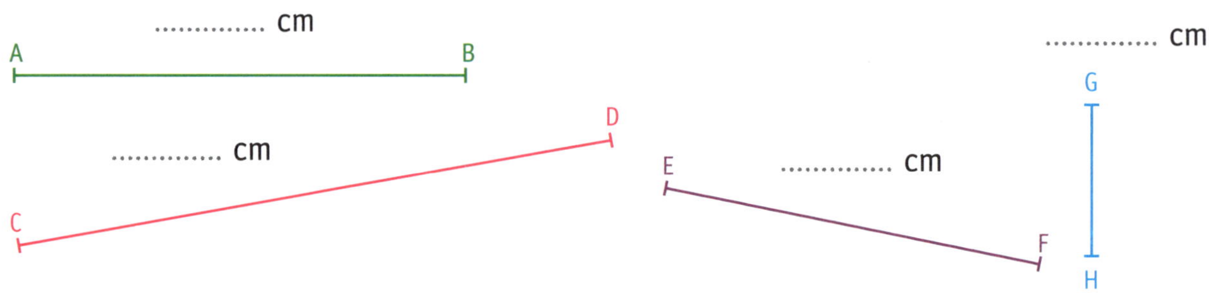

2 **Trace :**

a un segment [AB] de 9 cm

b un segment [CD] de 3 cm

3 **Gradue cette ligne tous les cm.**

4 **À l'aide de ton double décimètre, prolonge les segments pour atteindre la mesure demandée.**

a AB = 5 cm — A

b CD = 8 cm — C

c EF = 10 cm — E

5 **Mesure chaque côté des figures.**

.... cm

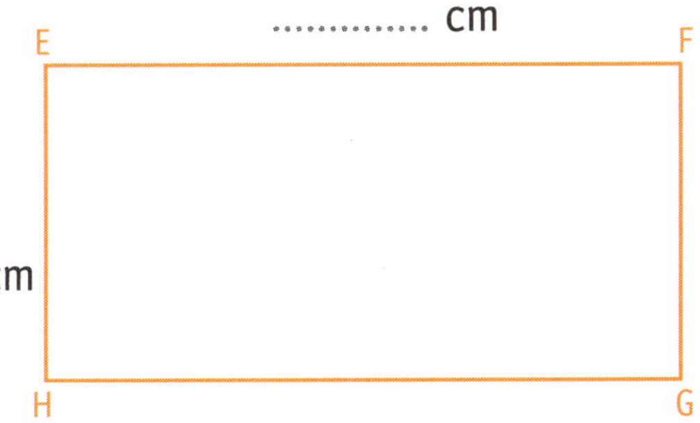

.... cm .... cm

.... cm

.... cm .... cm

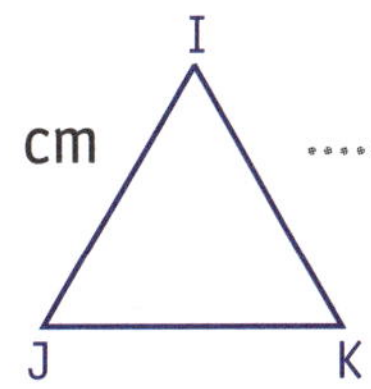

.... cm

6 **Qui parcourt le plus long chemin ? Note les mesures de chaque segment, puis réponds à la question.**

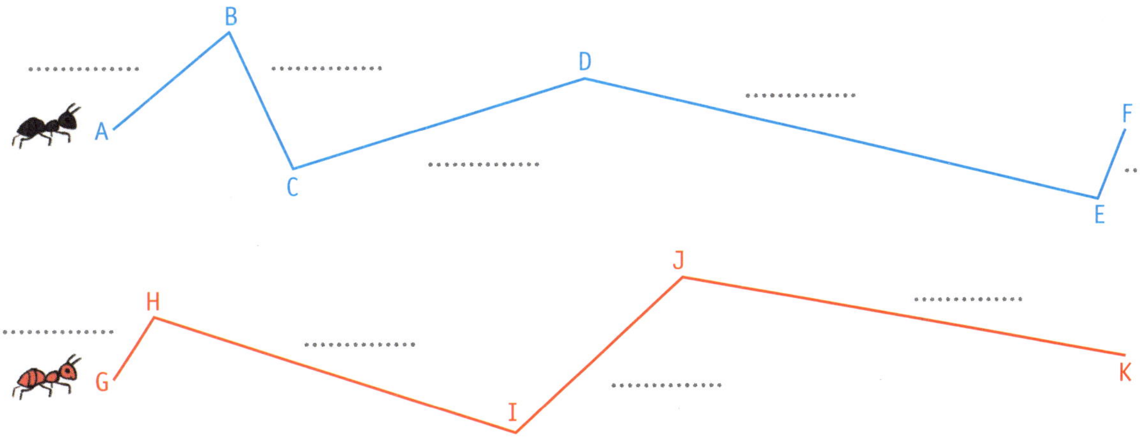

....

....

....

Grandeurs et mesures

Utiliser le calendrier

Janvier

L	M	M	J	V	S	D
1	2	3	4	5	6	7
8	9	10	11	12	13	14
15	16	17	18	19	20	21
22	23	24	25	26	27	28
29	30	31				

Février

L	M	M	J	V	S	D
			1	2	3	4
5	6	7	8	9	10	11
12	13	14	15	16	17	18
19	20	21	22	23	24	25
26	27	28				

Mars

L	M	M	J	V	S	D
			1	2	3	4
5	6	7	8	9	10	11
12	13	14	15	16	17	18
19	20	21	22	23	24	25
26	27	28	29	30	31	

Avril

L	M	M	J	V	S	D
						1
2	3	4	5	6	7	8
9	10	11	12	13	14	15
16	17	18	19	20	21	22
23	24	25	26	27	28	29
30						

Mai

L	M	M	J	V	S	D
	1	2	3	4	5	6
7	8	9	10	11	12	13
14	15	16	17	18	19	20
21	22	23	24	25	26	27
28	29	30	31			

Juin

L	M	M	J	V	S	D
				1	2	3
4	5	6	7	8	9	10
11	12	13	14	15	16	17
18	19	20	21	22	23	24
25	26	27	28	29	30	

Juillet

L	M	M	J	V	S	D
						1
2	3	4	5	6	7	8
9	10	11	12	13	14	15
16	17	18	19	20	21	22
23	24	25	26	27	28	29
30	31					

Août

L	M	M	J	V	S	D
		1	2	3	4	5
6	7	8	9	10	11	12
13	14	15	16	17	18	19
20	21	22	23	24	25	26
27	28	29	30	31		

Septembre

L	M	M	J	V	S	D
					1	2
3	4	5	6	7	8	9
10	11	12	13	14	15	16
17	18	19	20	21	22	23
24	25	26	27	28	29	30

Octobre

L	M	M	J	V	S	D
1	2	3	4	5	6	7
8	9	10	11	12	13	14
15	16	17	18	19	20	21
22	23	24	25	26	27	28
29	30	31				

Novembre

L	M	M	J	V	S	D
			1	2	3	4
5	6	7	8	9	10	11
12	13	14	15	16	17	18
19	20	21	22	23	24	25
26	27	28	29	30		

Décembre

L	M	M	J	V	S	D
					1	2
3	4	5	6	7	8	9
10	11	12	13	14	15	16
17	18	19	20	21	22	23
24	25	26	27	28	29	30
31						

→ **Que penses-tu de ce que dit Lucile ? Explique ta réponse.**

- Un calendrier peut se présenter en **tableau** ou en **colonnes**.
  Le nom des jours peut être écrit **en entier** ou **en abrégé** : L M M J V S D.
  Les jours sont toujours dans le même ordre et le premier M correspond au mardi.

1 Observe le calendrier et réponds aux questions.

a Quel est le nombre de mois dans une année ? ....

b Combien y a-t-il de jours en avril ?

....

c Écris dans l'ordre les jours de la semaine.

....

....

2 Prends le calendrier de cette année et réponds aux questions.

a Quel jour sommes-nous aujourd'hui ? ....

b Quel jour étions-nous hier ?

....

c Quel jour serons-nous demain ?

....

d Quelle date sera écrite au tableau dans une semaine ?

....

3 **Observe le mois de décembre sur le calendrier de la page de gauche.**

a Combien y a-t-il de semaines complètes dans ce mois ? ....

b Combien y a-t-il de jours au mois de décembre ? ....

c Quel est le nom du premier jour du mois ? ....

d Quel est le nom du dernier jour du mois ? ....

e Sur quel jour tombe le 25 décembre ? ....

4 **Observe le mois de janvier sur le calendrier de la page de gauche.**

a Combien y a-t-il de mardis dans ce mois ? ....

b Combien y a-t-il de samedis dans ce mois ? ....

c Kévin fait du tennis le mercredi. Combien de séances aura-t-il ce mois-ci ? ....

d Les élèves de la classe de CE1 vont à la piscine tous les vendredis après-midi. Combien vont-ils avoir de séances ce mois-ci ? ....

5 **a** En t'aidant du mois de janvier, complète les mois de décembre (31 jours) et de février (28 jours).

Décembre

L	M	M	J	V	S	D

Janvier

L	M	M	J	V	S	D
	1	2	3	4	5	6
7	8	9	10	11	12	13
14	15	16	17	18	19	20
21	22	23	24	25	26	27
28	29	30	31			

Février

L	M	M	J	V	S	D

b Quel est le nom du jour qui commence le mois de décembre ? ....

c Quel est le nom du jour qui finit le mois de décembre ? ....

6 **Utilise le calendrier de l'exercice 5 pour répondre aux questions.**

La classe de CE1 part en classe de neige du 21 au 26 janvier.
La classe de CE2 part en classe de neige du 24 au 30 janvier.

a Combien de journées les CE1 passent-ils en classe de neige ? ....

b Combien de journées les CE2 passent-ils en classe de neige ? ....

c Combien de jours passeront-ils ensemble ? ....

d Quelle classe restera le plus longtemps en classe de neige ? ....

Connaître les relations entre heure et minute

Cherchons

→ **Que penses-tu de ce que dit Kylian ?**

- Le temps peut se mesurer en heures ou en minutes.
- Une heure s'écrit **1 h**. Une minute s'écrit **1 min**. Une heure égale 60 minutes.

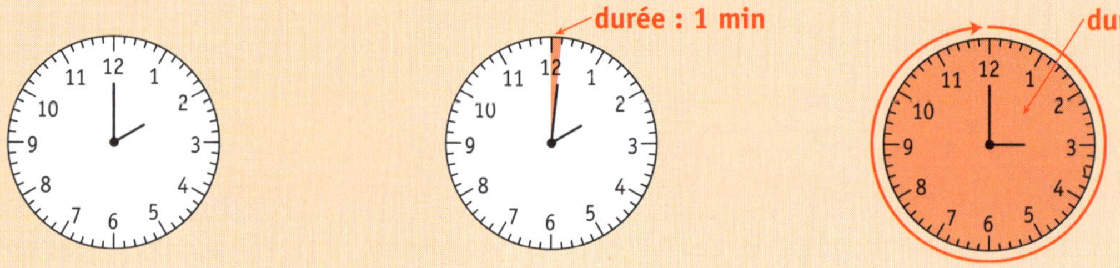

Il est 2 h.   Il est 2 h 01.   Il est 3 h.

1 **Entoure ce qui dure moins d'une minute.**

a Un coup de tonnerre.

b Une course de 100 m pour un champion.

c Le flash d'un appareil photo.

d Le brossage des dents.

2 **Entoure ce qui dure plus d'une heure.**

a Le temps d'école de l'après-midi.

b La lecture d'un album par la maîtresse.

c Le trajet entre l'école et la maison.

d Un match de foot.

3 Marina dispose d'une heure pour faire une activité sportive puis se reposer.
Combien de temps lui reste-t-il à chaque fois pour se reposer ?

a Mercredi : 35 min de natation

....

b Jeudi : 10 min de corde à sauter

....

c Samedi : 60 min de marche

....

4 **Range ces temps de classe du plus court au plus long.**

Musique	E.P.S.	Bibliothèque	Calcul mental	Lecture	Anglais
45 min	90 min	1 h	15 min	55 min	30 min

....

5 **Recopie l'activité la plus courte pour chaque enfant.**

a Véronique
informatique 1 h — photo 99 min
....

b Sonia
cuisine 100 min — piano 1 h
....

c Pauline
bricolage 30 min — peinture 1 h
....

6 Voici les étapes de la ponte de la tortue luth :
- remonter la plage : 10 min
- balayer le sable : 15 min
- creuser le trou dans le sable : 25 min
- pondre : 20 min
- reboucher le trou : 10 min
- camoufler le trou : 20 min

La tortue luth a-t-elle besoin de moins d'une heure pour réaliser toutes les étapes de la ponte ?

....

....

7 Voici le temps de préparation pour faire un cake aux pêches et aux amandes :
- éplucher les pêches : 5 min
- cuire les pêches et les amandes : 15 min
- préparer la pâte : 10 min
- cuire au four : 30 min

Tom doit partir à l'école dans 1 heure.

Le gâteau sera-t-il prêt à temps ?

....

....

8 Il est 6 h 57. L'avion de Tom décolle à 7 h.
Combien de minutes Tom va-t-il encore attendre ? ....

9 Il est 8 h. Le bateau de Suzon part à 9 h.
Combien de minutes doit-elle attendre ? ....

Grandeurs et mesures

Lire l'heure

Cherchons

→ **Qu'en penses-tu ?**

▸ Pour lire l'heure, je regarde les aiguilles.
La petite aiguille indique l'heure.
La grande aiguille indique les minutes.

Il est 4 heures :
- la petite aiguille est sur le 4 ;
- la grande aiguille est sur le 12.

Il est 4 heures et demie :
- la petite aiguille a dépassé le 4 mais n'est pas encore sur le 5 ;
- la grande aiguille est sur le 6.

1 **Écris l'heure indiquée par chaque horloge.**

A

....

B

....

C

....

D

....

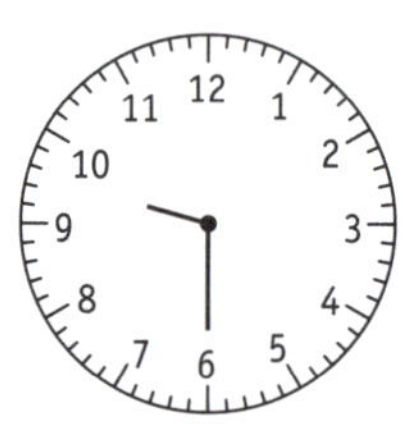

E

....

2 Écris l'heure indiquée par chaque horloge.

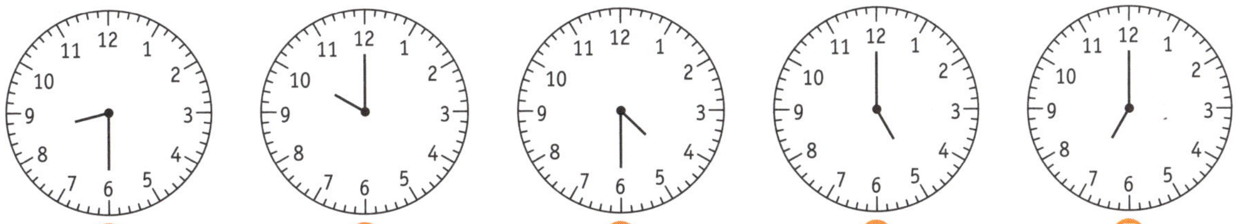

A .... B .... C .... D .... E ....

3 Écris l'heure indiquée par chaque horloge.

A .... B .... C .... D .... E ....

4 Dessine les aiguilles pour indiquer l'heure demandée.

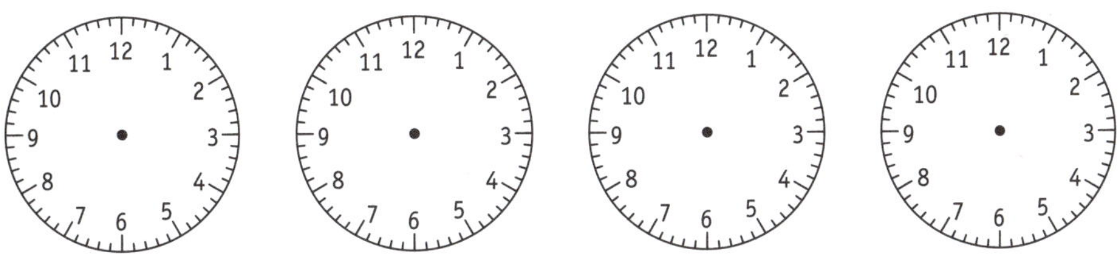

a 7 h b 11 h c 9 h d 3 h

5 Dessine les aiguilles pour indiquer l'heure demandée.

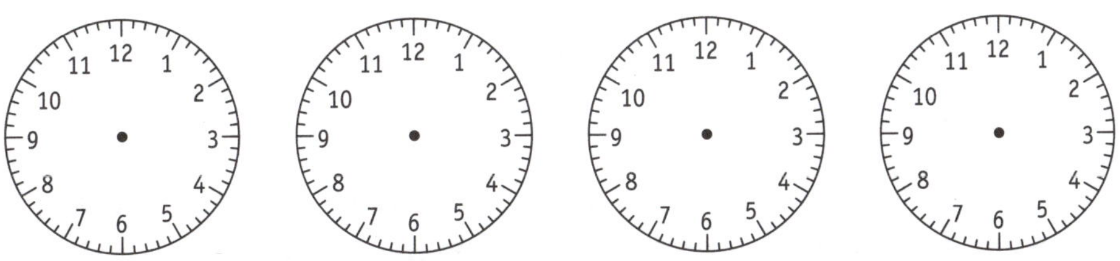

a 3 h 30 b 2 h 30 c 5 h 30 d 4 h 30

6 Dessine les aiguilles pour indiquer l'heure à laquelle se termine le cours de chaque enfant.

a Le cours de judo de Paul dure 1 h.

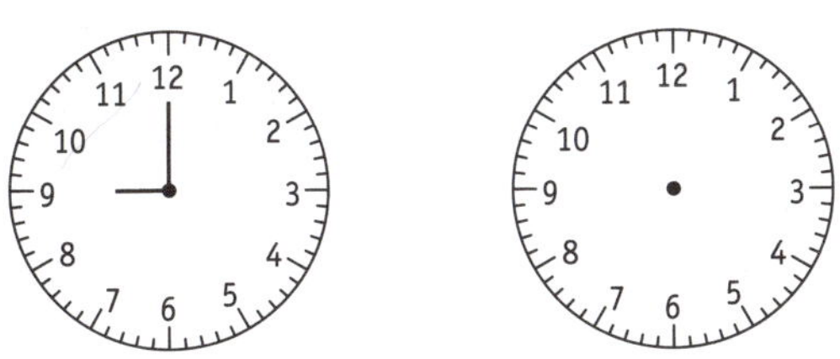

b Le cours de dessin de Sonia dure 30 min.

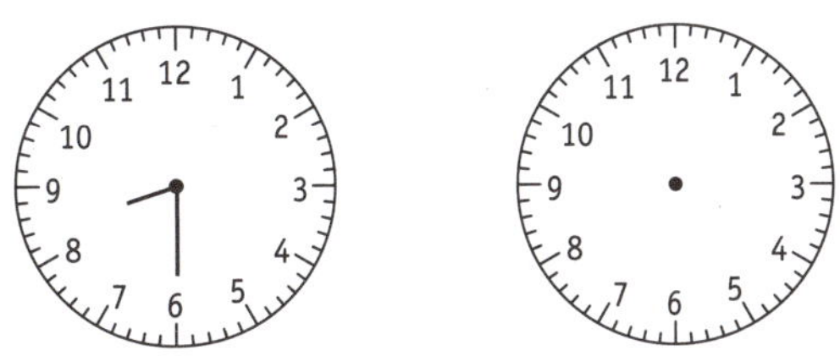

Révisions

Mesurer des segments, des distances

1 Mesure chaque segment et indique sa longueur.

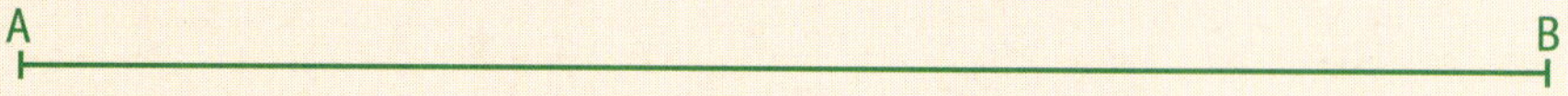

....

....

....

2 Trace des segments de la longueur demandée.

a 2 cm **b** 10 cm **c** 9 cm

3 Mesure puis indique la distance de chaque boule au cochonnet (en rouge).

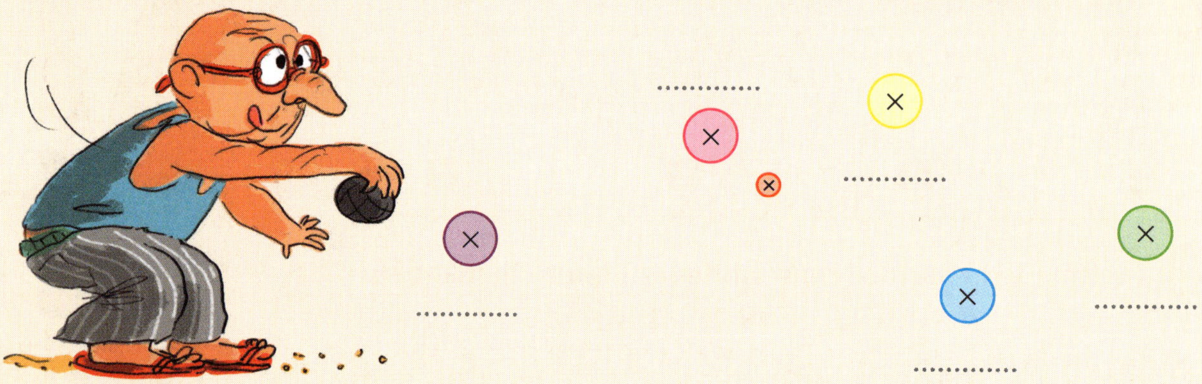

4 Paul veut choisir le plus petit cadre pour mettre sa photo. **Mesure chaque côté et calcule le contour de chaque figure. Indique quel cadre va choisir Paul.**

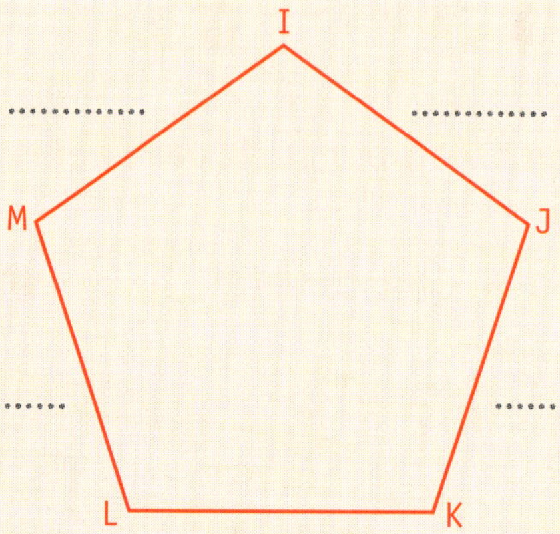

ABCD = ...

IJKLM = ...

Utiliser le calendrier

5 **Utilise le calendrier pour faire l'exercice.**

Février							Mars							Avril						
L	M	M	J	V	S	D	L	M	M	J	V	S	D	L	M	M	J	V	S	D
			1	2	3	4				1	2	3	4							1
5	6	7	8	9	10	11	5	6	7	8	9	10	11	2	3	4	5	6	7	8
12	13	14	15	16	17	18	12	13	14	15	16	17	18	9	10	11	12	13	14	15
19	20	21	22	23	24	25	19	20	21	22	23	24	25	16	17	18	19	20	21	22
26	27	28					26	27	28	29	30	31		23	24	25	26	27	28	29
														30						

a Entoure en bleu tous les mercredis du mois de mars.

b Les vacances d'hiver ont lieu du 24 février au 11 mars inclus. Colorie en jaune tous les jours de vacances.

c Alexis part en vacances le 9 avril pour une semaine entière chez ses grands-parents. Colorie en violet tous les jours qu'Alexis passe chez eux.

Connaître les relations entre heure et minute

6 Tom a joué 2 matchs de 35 minutes chacun. Léo, lui, a joué 1 match de 60 minutes.

Qui a joué exactement 1 heure ? ....

7 Quentin veut manger à midi. Il commence à préparer le repas à 11 h.

Il met :
- 20 minutes pour préparer une entrée ;
- 45 minutes pour cuisiner le plat ;
- 25 minutes pour faire un gâteau ;
- 10 minutes pour mettre la table.

Pourra-t-il manger à midi ? Justifie ta réponse.

....

....

....

Lire l'heure

8 **Entoure les horloges qui indiquent l'heure écrite en-dessous.**

a 11 h et demie

b 10 h

c 8 h 30

d Midi

e Minuit

Connaître les relations entre m et cm, m et km

Cherchons

➜ **Qui est la plus petite d'après toi ?**

▸ Une longueur peut se mesurer en centimètres, en mètres ou en kilomètres.

Un kilomètre s'écrit **1 km.**	Un mètre s'écrit **1 m.**	Un centimètre s'écrit **1 cm.**
		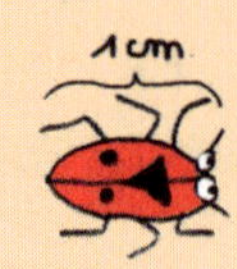

▸ **1 km = 1 000 m** **1 m = 100 cm**

1 **Entoure ce qui mesure plus de 1 m.**

a La taille d'un adulte.

b La taille d'un bébé.

c La longueur du tableau de la classe.

d La longueur du bureau d'un élève.

2 **Entoure ce qui mesure moins de 1 cm.**

a L'épaisseur d'un dictionnaire.

b La longueur d'une fourmi.

c La longueur de la queue d'une souris.

d L'épaisseur d'une pièce de 1 €.

3 **Complète avec m ou cm.**

a Longueur d'une gomme : 6 ....

b Hauteur d'une porte : 2 ....

c Hauteur d'un pot de confiture : 12 ....

d Hauteur d'une maison : 8 ....

4 **Complète avec m ou cm.**

a Hauteur de la tour Eiffel : 324 ....

b Longueur d'un crayon : 15 ....

c Longueur d'une sauterelle : 3 ....

d Longueur d'une salle de classe : 7 ....

5 **Complète avec m ou km.**

a

Longueur d'un requin-baleine

12 ....

b

Trajet Paris-Grenoble

572 ....

c

Longueur du viaduc de Nantua

1 ....

6 **Entoure le nom des oiseaux qui mesurent plus d'un mètre lorsqu'ils ouvrent leurs ailes.**

a Aigle royal : 220 cm

b Chouette hulotte : 101 cm

c Martin-pêcheur d'Europe : 26 cm

d Canard colvert : 98 cm

e Cigogne blanche : 2 m

f Faucon pèlerin : 110 cm

7 **Rayan peut emporter avec lui dans l'avion un instrument qui mesure moins d'un mètre. Lesquels peut-il choisir ? Entoure-les.**

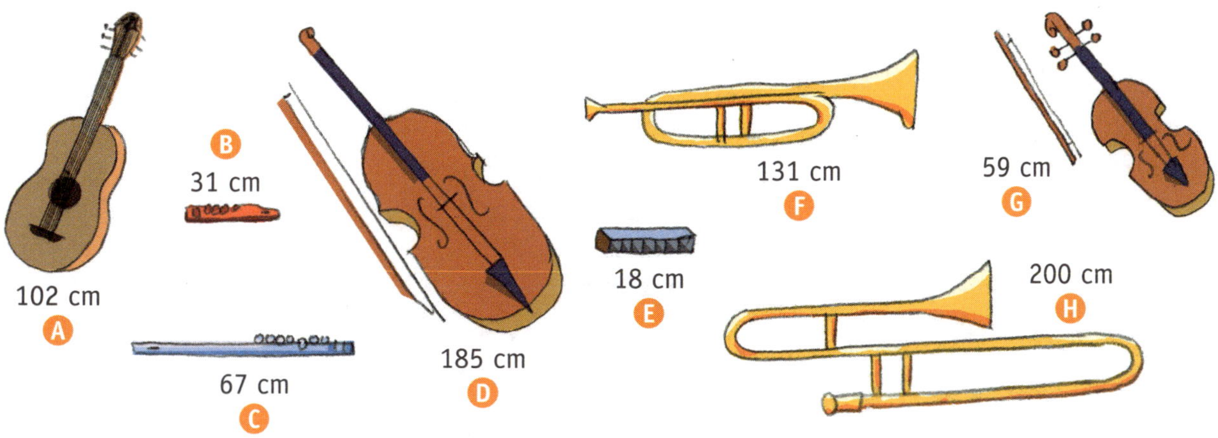

8 Marine achète du ruban. Il lui en faut 1 m. La marchande a 87 cm de ruban vert, 175 cm de ruban orange ou 99 cm de ruban violet.
Quelle couleur de ruban pourra-t-elle acheter ? ....

9 Yanis fait une course à pied de 1 km. Il a déjà parcouru 550 m.
Combien lui reste-t-il à parcourir ? ....

10 Julien a marché 1 km pour se rendre à la foire. Luc a marché 980 m. Sam a marché 1 000 m. **Qui a le plus marché ? Justifie ta réponse.**

....

....

Connaître les relations entre kg et g

Cherchons

→ **Es-tu du même avis que Manon ?**

- La masse d'un objet (ou le poids dans le langage courant) se mesure avec une balance.
- La masse d'un objet peut se mesurer en **grammes** ou en **kilogrammes**.
- Un kilogramme s'écrit **1 kg.**
- Un gramme s'écrit **1 g.**

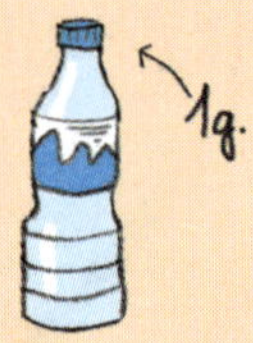

- **1 kg = 1 000 g.**

1 Entoure ce qui pèse moins de 10 g.

a Un cahier.
b Un trombone.
c Une trousse pleine.
d Un bouchon de stylo.
e Un dictionnaire.

2 Entoure ce qui pèse plus de 1 kg.

a Le bureau de la maîtresse.
b Une boîte de feutres.
c Une gomme.
d Une chaise.

3 Complète avec g ou kg.

a Un trombone : 2 ....
b Une fille de 8 ans : 29 ....
c Une baguette de pain : 250 ....
d Un bébé nouveau-né : 3 ....

4 Classe ces oiseaux du plus léger au plus lourd.

a Hibou : 305 g
b Pigeon : 520 g
c Mouette : 350 g

....

5 Marine veut faire de la confiture. Elle a 700 g de fraises et il lui en faut 1 kg.
Combien lui en manque-t-il ?

....

....

6 **Un vétérinaire surveille ce que mangent ses petits malades pour voir s'ils sont en train de reprendre des forces. Complète le tableau.**

	Poids de l'animal avant son repas	Poids de l'animal après son repas	Poids de nourriture avalée	L'animal a-t-il mangé ?
	960 g	1 kg	....	☐ oui ☐ non
	1 000 g	1 kg	....	☐ oui ☐ non

7 **Classe les singes du plus lourd au plus léger.**

a ouistiti

400 g

b atèle

7 kg

c chimpanzé

50 kg

d gibbon

11 kg

e saïmiri

1 kg

....

8 **Entoure le nom de l'animal le plus lourd.**

a Vipère : 100 g
Sanglier : 100 kg

b Poule naine : 895 g
Lapin : 1 kg

c Castor : 25 kg
Martin-pêcheur : 35 g

9 **Écris le poids manquant pour équilibrer la balance.**

a
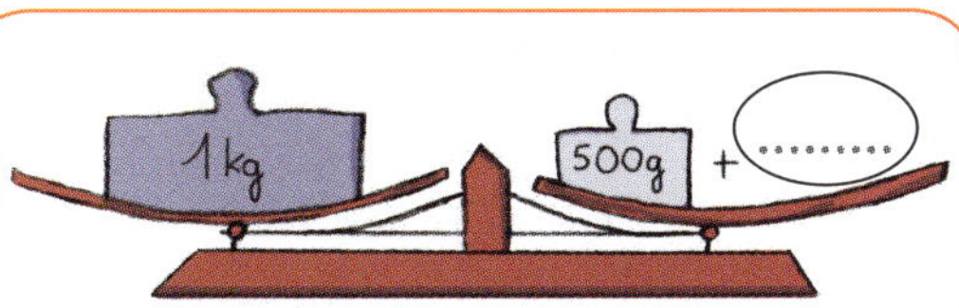

b
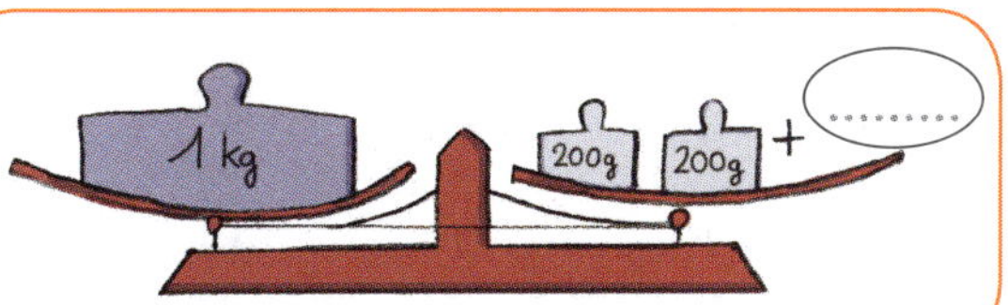

Connaître les relations entre euro et centime d'euro

Cherchons

→ **Que penses-tu de ce que dit Célia ?**

1 € = 100 c

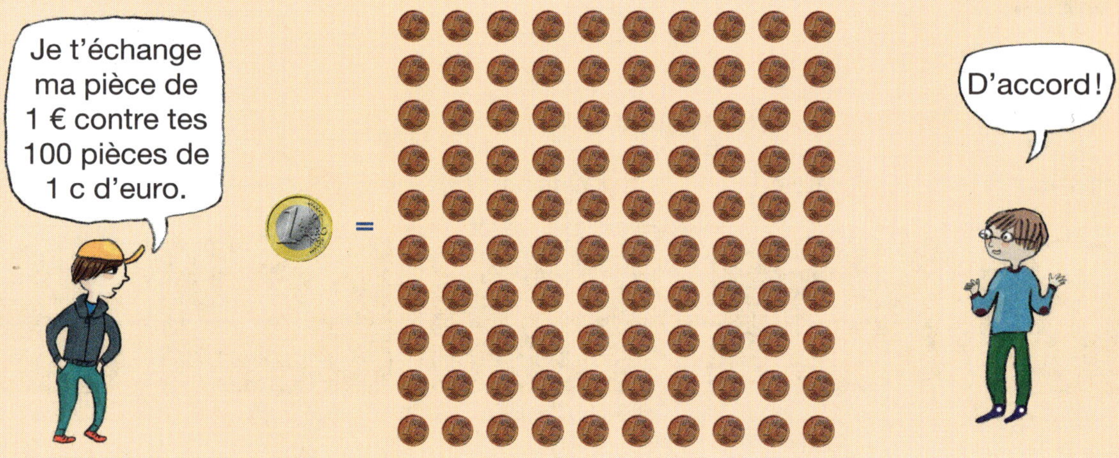

1 Écris ce qu'il manque pour avoir 1 €.

a 

b 

c 

d 

e 

a ....

b ....

c ....

d ....

e ....

2 Pour avoir un euro, combien faut-il de pièces...

a de 50 c ? ....

b de 10 c ? ....

3 **Dessine les pièces dont tu as besoin pour payer tes achats.**

	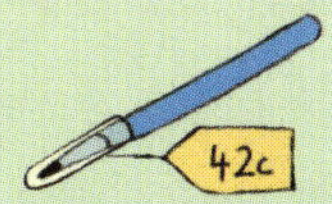	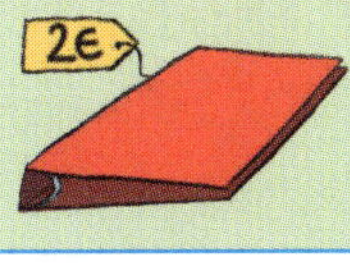	

4 **Tu paies tes courses avec une pièce de** **. Quelle somme la marchande va-t-elle te rendre si tu achètes :**

a 90 c de bonbons ?

....

b 50 c de bonbons ?

....

c 70 c de bonbons ?

....

d 75 c de bonbons ?

....

5 Julie a 1 €. Elle souhaite acheter une gomme à 30 c et un taille-crayon à 55 c. **Peut-elle faire ces achats ?**

....

6 Kevin a 100 centimes. Il veut acheter un double décimètre qui coûte 1 € 35. **A-t-il assez d'argent ?**

....

7 **Dessine les pièces que Lucile peut utiliser.**

a Lucile va à la boulangerie. Elle doit payer 2 € 25.

b Lucile achète un journal à 1 € 50.

8 **Qui peut acheter le livre ? Justifie ta réponse.**

a Camille

....

....

....

b Ambre

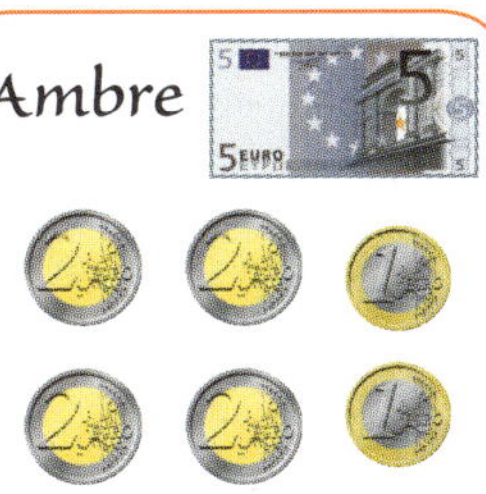

....

....

....

c Lison

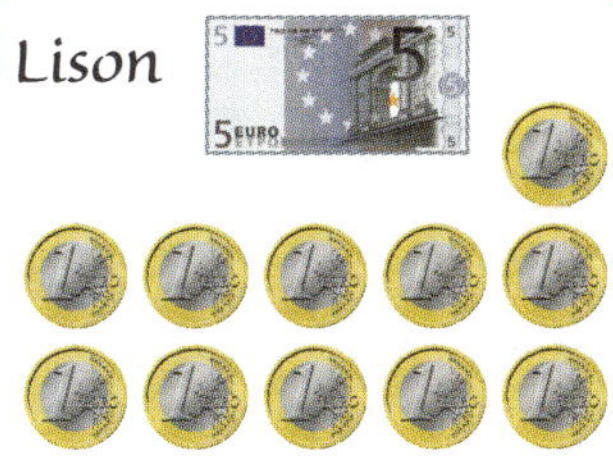

....

....

....

Connaître une unité de contenance : le litre

Cherchons

→ **Quel récipient permettra de faire le moins d'allers et retours pour remplir l'aquarium ?**

▸ L'unité de mesure des liquides est le litre. Un litre s'écrit **1 L**.

La contenance de ces récipients est la même : 1 L.

1 Entoure ce qui peut contenir plus de 1 L.

a Une tasse.

b Une baignoire.

c Un bol.

d Une machine à laver le linge.

e Un réservoir d'essence de voiture.

f Un verre d'eau.

2 Classe ces véhicules, de celui qui a le plus petit réservoir à celui qui a le plus grand réservoir.

a camionnette

240 L

b moto

11 L

c voiture

55 L

d pelleteuse

150 L

....

3 Voici la quantité d'eau que chaque animal peut boire en une seule fois :

a chameau

135 L

b cocker

1 L

c éléphant

225 L

d cheval

50 L

Classe ces animaux, de celui qui boit le plus à celui qui boit le moins.

....

4 Une vache qui allaite son petit boit beaucoup d'eau. Un éleveur a rempli un réservoir avec 200 L. Après le passage de la vache, il reste 105 L.
Combien la vache a-t-elle bu de litres d'eau ?

....

5 Kim prépare un milk-shake pour 5 groupes de 4 enfants.

Voici sa recette :

Pour 4 personnes :
– 1 L de lait
– 3 boules de glace à la vanille
– 3 gouttes de vanille liquide.

A-t-elle assez avec 6 litres de lait ?

....

6 Il faut 50 L d'eau par poisson rouge dans un bassin. Mohamed veut acheter 2 poissons. Il a déjà versé 7 seaux de 10 L.

a **Combien de litres d'eau faut-il dans le bassin pour 2 poissons ?** ....

b **Combien de litres d'eau a-t-il déjà mis dans son bassin ?** ....

c **Combien de litres d'eau manque-t-il encore dans le bassin ?** ....

d **Combien de seaux lui faudra-t-il pour finir de remplir son bassin ?** ....

Révisions

Connaître les relations entre cm, m, km

1 **Avec quelle unité (cm, m ou km) mesure-t-on :**

a une trousse ? ....

b la largeur d'une pièce de maison ?

....

c le tour de la Terre ? ....

d un crayon de papier ? ....

e la longueur d'une piscine ? ....

f la distance Paris-Strasbourg ? ....

2 Lilas doit découper une bande de papier de 1 m. La maîtresse lui a donné une feuille de 145 cm de long. **Combien de centimètres de papier restera-t-il ?**

....

3 La classe de CE1 prépare un voyage à Paris. La maîtresse prévoit de faire quelques trajets à pied mais elle ne veut pas que les élèves marchent pendant plus de 1 km.

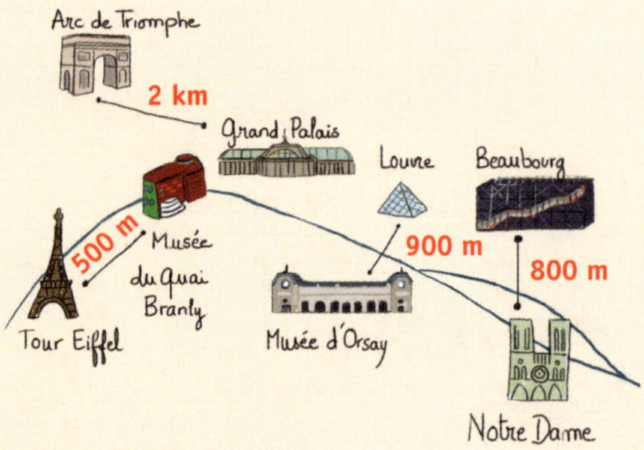

Entoure les trajets que les élèves vont pouvoir faire à pied.

4 Florian habite à 1 km de chez Yoann. Il lui reste 370 m à faire. **Quelle distance a-t-il déjà parcourue ?**

....

Connaître les relations entre g et kg

5 **Avec quelle unité (g ou kg) mesure-t-on :**

a la masse d'une trousse ? ....

b la masse d'un éléphant ? ....

c la masse d'un pain au chocolat ?

....

6 Une grand-mère prépare une tarte aux fraises. Il lui faut 1 kg de fraises. Elle en a déjà 350 g. **Combien de grammes de fraises doit-elle acheter ?**

....

7 Tania achète 400 g de saucisses et 350 g de steak. Il lui faut 1 kg de viande pour son barbecue. **A-t-elle assez de viande ? Justifie ta réponse.**

....

Connaître les relations entre euros et centimes d'euro

8 **Complète en dessinant les pièces qui manquent pour avoir 1 €.**

a 

b 

c 

9 **Chaque objet coûte 1 €. Utilise à chaque fois une combinaison de pièces différentes pour les payer.**

a 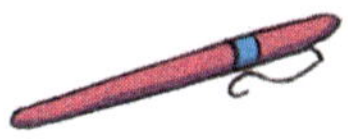 ....
....

b  ....
....

c  ....
....

10 Maxime ouvre sa tirelire. Il compte 600 centimes. Il veut les échanger contre des pièces de 1 €.
Combien d'euros aura-t-il ?

....

11 Alexandre compte les centimes qu'il a réussi à économiser. Il a 548 centimes.
Peut-il s'acheter un livre à 6 € ?

....

Connaître une unité de contenance : le litre

12 Avant, quand Mathis prenait une douche, il consommait 80 L d'eau. Depuis que son père a changé le pommeau, il ne consomme plus que 50 L d'eau.

Combien de litres d'eau Mathis économise-t-il à chaque douche ?

....

....

13 30 élèves sont en classe de neige. Chaque matin, au petit déjeuner, la cuisinière prépare :
- 6 L de jus de fruits.
- 10 L de lait.

Les élèves vont prendre 4 petits-déjeuners.

a Combien faut-il de litres de jus de fruits pour tout le séjour ?

....

b Combien faut-il de litres de lait pour tout le séjour ?

....

Utiliser un tableau

Cherchons

Tom et Roméo ont participé à une rencontre d'athlétisme. Voici les résultats :

	Course	Saut de haies	Lancer de balles	Total
CE1 A	79	12	25	116
CE1 B	54	48	39	141

→ **À ton avis, quelle classe a gagné ?**

Tom Roméo

▸ Pour rechercher une information dans un tableau, il faut croiser une **ligne** et une **colonne**.

Élèves de CE1 qui possèdent un animal domestique

	qui ont un chien	qui ont un chat	qui ont un poisson	qui ont un hamster	**Total**
Filles	7	2	0	4	13
Garçons	3	0	1	4	8
Total	10	2	1	8	21

3 garçons ont un chien.

8 élèves ont un hamster.

13 filles ont un animal.

1 **Pendant l'hiver, trouver de la nourriture devient plus difficile pour les animaux. Observe ce tableau qui indique comment certains animaux font pour survivre.**

	Le hérisson	L'écureuil	La mésange bleue	L'abeille	L'hirondelle
dort pour ne pas utiliser d'énergie	X				
change de nourriture		X	X		
a fait des provisions pour l'hiver		X		X	
migre pour aller dans un pays chaud					X

a Quel animal migre dans un pays chaud en hiver ? ....

b Que fait la mésange bleue pour survivre en hiver ? ....

....

c Combien d'animaux changent de nourriture en hiver ? ....

....

d Quel animal a plusieurs façons de s'adapter à l'hiver ? ....

2 Écris le nom de chaque animal en t'aidant du tableau.

	Nasique	Gorfou macaroni	Dragon de Komodo
Nombre de pattes	4	2	4
Nombre d'ailerons	0	2	0
Corps recouvert…	de poils	de plumes	d'écailles
Il vit…	sur l'île de Bornéo	autour de l'Antarctique	en Indonésie

3 Réponds aux questions en t'aidant du tableau.

	Poids	Taille	Durée de vie
Grand dauphin	390 kg	290 cm	50 ans
Raie léopard	230 kg	300 cm	18 ans
Napoléon	190 kg	230 cm	32 ans
Otarie à crinière	245 kg	225 cm	18 ans

a Classe ces animaux marins du plus léger au plus lourd.

b Quel animal pèse plus de 200 kg et mesure plus de 295 cm ?

c Quels sont les animaux qui vivent plus de 30 ans ?

d Quels sont les animaux marins qui ont la même durée de vie ?

Grand dauphin

Raie léopard

Otarie à crinière

Napoléon

Utiliser un graphique

Cherchons

Pierre est parti en classe de découverte à la montagne. Il raconte sa semaine à ses parents, mais ne se souvient pas de tout.

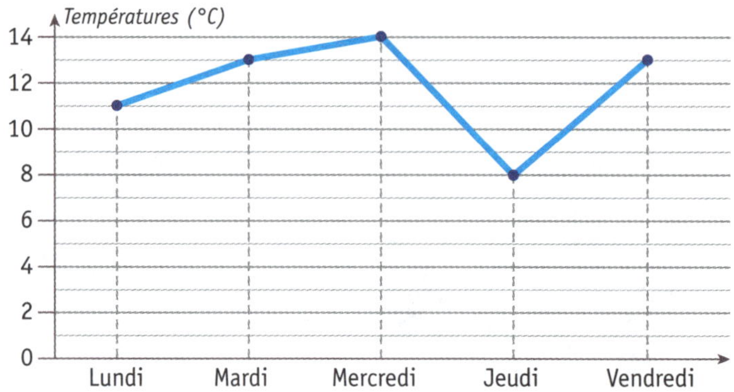

→ **En observant la courbe des températures, peux-tu dire quel jour Pierre a fait sa randonnée ?**

L'information peut être présentée sous forme de **graphique.**

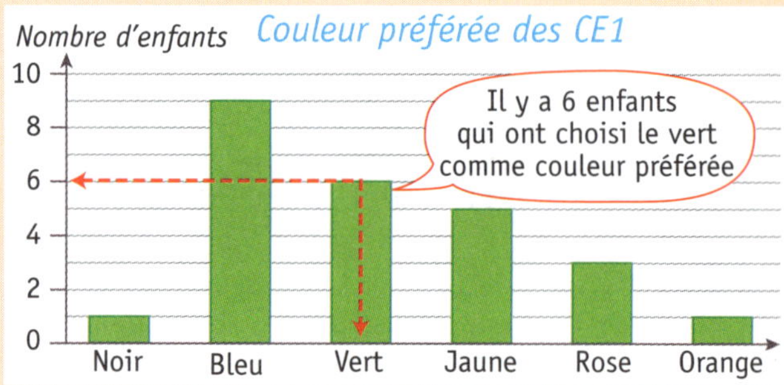

1 Réponds aux questions en t'aidant du graphique.

a Quel oiseau pond 4 œufs ?

....

b Combien d'œufs pond le vautour fauve ?

....

c Quel oiseau pond le même nombre d'œufs que le vautour fauve ? ....

Nombre d'œufs à chaque couvée

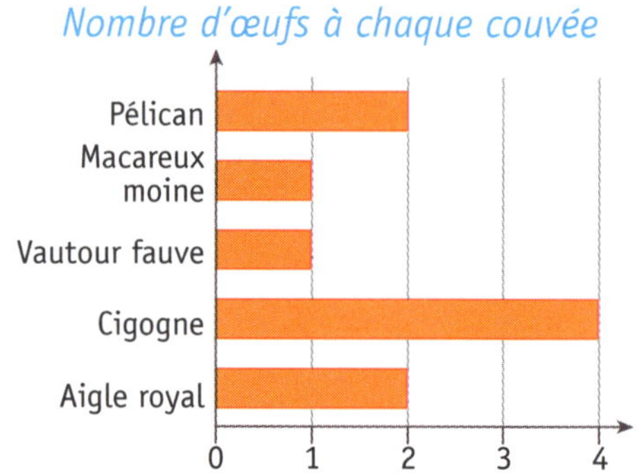

Pélican

Macareux moine

Vautour fauve

Cigogne

2 Entoure « vrai » ou « faux ».

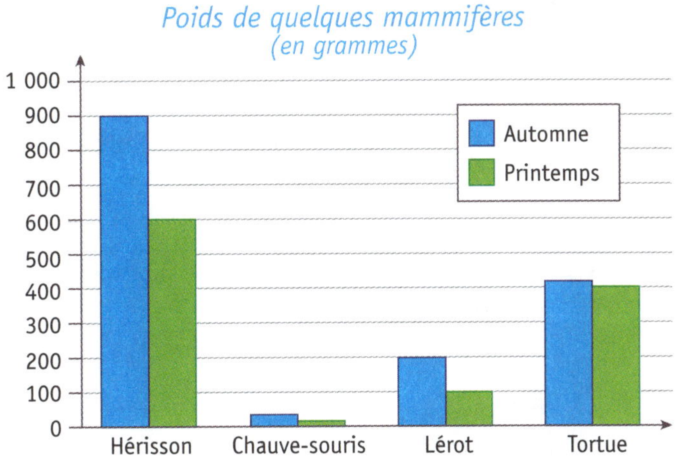

a Le poids du hérisson est de 900 g au printemps.

vrai **faux**

b La tortue pèse 400 g au printemps.

vrai **faux**

c La tortue pèse plus lourd au printemps qu'en automne.

vrai **faux**

d La chauve-souris pèse toujours plus lourd que le lérot.

vrai **faux**

e Le lérot a perdu la moitié de son poids entre l'automne et le printemps.

vrai **faux**

f Tous ces mammifères perdent du poids entre l'automne et le printemps.

vrai **faux**

3 Utilise le graphique pour répondre aux questions.

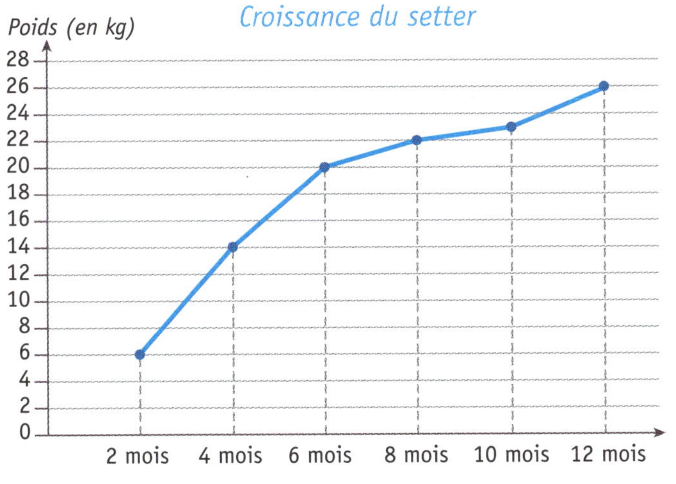

a Est-ce que le setter a toujours grossi ?

....

b À quel âge pesait-il 22 kg ?

....

c Quel poids faisait-il à 6 mois ?

....

Organiser les informations d'un énoncé

Dans le coin bibliothèque de la classe, des enfants lisent des documentaires sur les bouquetins.

	Mâle (bouquetin)	Femelle (étagne)
Taille (au garrot)	....	....
Taille des cornes	....	....
Poids	....	....

Cherchons

→ **La maîtresse leur propose de ranger toutes ces informations dans un tableau. Peux-tu les aider à le compléter ?**

▶ Pour présenter des informations, on peut utiliser un **tableau**. Pour ranger une information dans un tableau, il faut croiser une **ligne** et une **colonne**.

1 Complète le tableau en t'aidant du dessin.

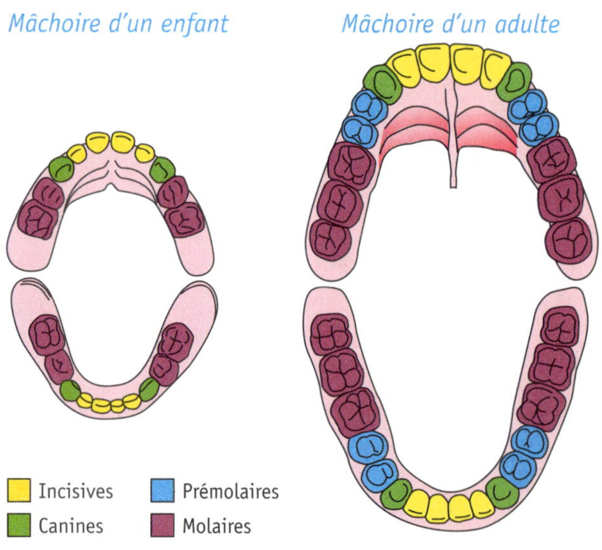

	Enfant	Adulte
Nombre d'incisives	....	....
Nombre de canines	....	....
Nombre de prémolaires	....	....
Nombre de molaires	....	....

2 La famille Dupont veut commander du matériel de sport pour partir en vacances. Elle a besoin de 3 paires de lunettes de piscine, 1 VTT enfant, 1 tricycle, 1 paire de palmes adulte, 1 paire de palmes enfant et 4 bonnets de bain.

a À l'aide des pages du catalogue, complète leur bon de commande.

VÉLOS		
VTT enfant	réf. 629	95 €
VTT adulte	réf. 708	469 €
Tricycle	réf. 415	48 €
Vélo de course	réf. 907	512 €
Tandem	réf. 682	340 €

NATATION		
Masque et tuba	réf. 651	20 €
Palmes enfant	réf. 821	17 €
Palmes adulte	réf. 737	29 €
Bonnet	réf. 420	8 €
Lunettes	réf. 138	5 €

Article	Référence	Quantité	Prix unitaire	Prix à payer
Lunettes	138	3	5 €	15 €
....	....	....	....	....
....	....	....	....	....
....	....	....	....	....
....	....	....	....	....
....	....	....	....	....

b En t'aidant des références, retrouve et recopie le nom des objets commandés par leurs voisins, la famille Martin :

Références :

907 → ....

682 → ....

737 → ....

3 **Complète les cartes des animaux en utilisant le tableau.**

	Lieu de vie		Nombre de petits à chaque naissance	Lieu de naissance des petits	
	Arctique	Antarctique		nid	banquise
Manchot empereur		×	1		×
Morse	×		1		×

Nom : ....

Lieu de vie :

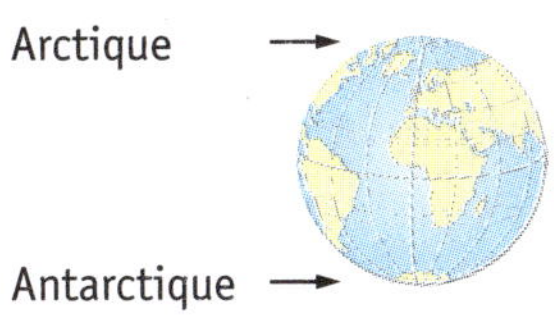

Nombre de petits : ....

Lieu de naissance des petits : ....

Nom : ....

Lieu de vie :

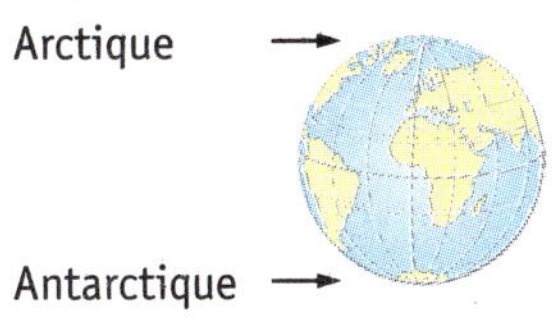

Nombre de petits : ....

Lieu de naissance des petits : ....

Révisions

Utiliser un tableau

1 Utilise le tableau pour répondre aux questions.

	Pommes	Poires	Fraises	Melons
Vendu à l'unité				2 €
Vendu au kilo	2 €	3 €	5 €	
Vendu par lots de 10	3 €	4 €		18 €

a Quel fruit coûte 5 € le kilo ? ....

b Quels sont les fruits vendus à la fois au kilo et par lot ?

....

c Combien vais-je payer pour 1 lot de poires et 1 kilo de fraises ? ....

d Calcule le prix de 9 melons achetés à l'unité. Que remarques-tu par rapport au prix du lot de 10 melons ? ....

....

2 Utilise le tableau pour répondre aux questions.

Espèces menacées de disparition en France

CATÉGORIES	« En danger critique d'extinction »	« En danger »	« Fragile »	Total
Reptiles et amphibiens	4	8	7	19
Mammifères	2	3	6	11
Poissons d'eau douce	4	2	9	15
Oiseaux	11	20	42	73
Plantes : orchidées	0	4	23	27
Total	21	37	87	145

a Combien d'espèces de reptiles et amphibiens sont inscrites sur la liste orange ?

....

b Quelle catégorie a deux espèces sur la liste rouge ? ....

c Combien y a-t-il d'orchidées sur la liste jaune ? ....

d Quelle catégorie a le plus d'espèces sur la liste rouge ? ....

e Combien d'espèces de mammifères au total sont menacées en France ?

....

f Combien d'espèces au total sont inscrites sur la liste orange ?

....

3 Utilise le tableau pour répondre aux questions.

Reptiles	Poids	Taille	Longévité	Nombre d'œufs par an
1. Crocodile nain	25 kg	100 cm	65 ans	10
2. Alligator de Chine	40 kg	200 cm	50 ans	30
3. Crocodile du Nil	1 000 kg	520 cm	100 ans	48
4. Gavial du Gange	550 kg	620 cm	30 ans	50
5. Caïman à lunettes	20 kg	190 cm	26 ans	22
6. Crocodile d'Amérique	320 kg	510 cm	33 ans	36

a Classe les reptiles du plus grand au plus petit.

....

....

Caïman à lunettes

b Quel est le reptile qui pond le plus d'œufs par an ? ....

c Quel est celui qui en pond le moins ? ....

d Quels reptiles pèsent plus de 500 kg et mesurent plus de 500 cm ?

....

e Quel reptile mesure moins de 250 cm et vit moins de 30 ans ? ....

f Quel reptile vit plus de 35 ans et pond moins de 20 œufs ? ....

g Quel reptile pèse le moins lourd et vit le moins longtemps ? ....

Utiliser un graphique

4 Réponds aux questions en t'aidant du graphique.

a Quelle est la cathédrale la plus haute ? ....

b Quelle est la cathédrale la moins haute ? ....

c Quelle hauteur fait la cathédrale de Strasbourg ? ....

d Quelles cathédrales mesurent plus de 100 m mais moins de 120 m ?

....

....

....

....

....

Cathédrale de Chartres

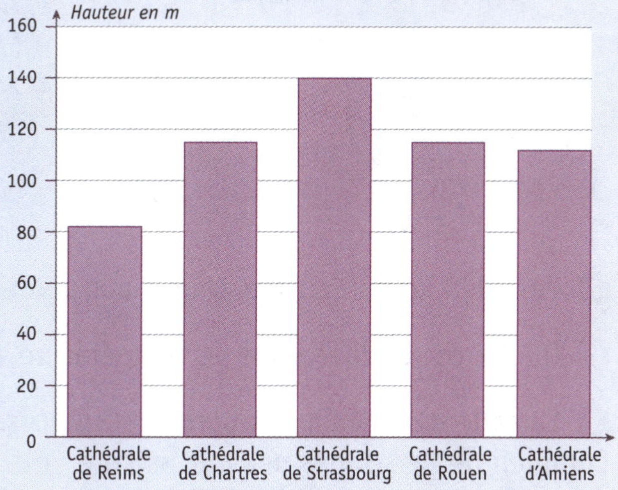

Organisation et gestion de données

Révisions (suite)

5 Réponds aux questions en t'aidant du graphique.

a Quel pays consomme le plus de chocolat ? ....

b Quel pays consomme le moins de pain ? ....

c Lequel des deux est le plus consommé en Italie : le pain ou le chocolat ? ....

d Quel pays consomme la même quantité de pain que la France ?

....

e Quelle quantité de chocolat est consommée au Royaume-Uni ?

....

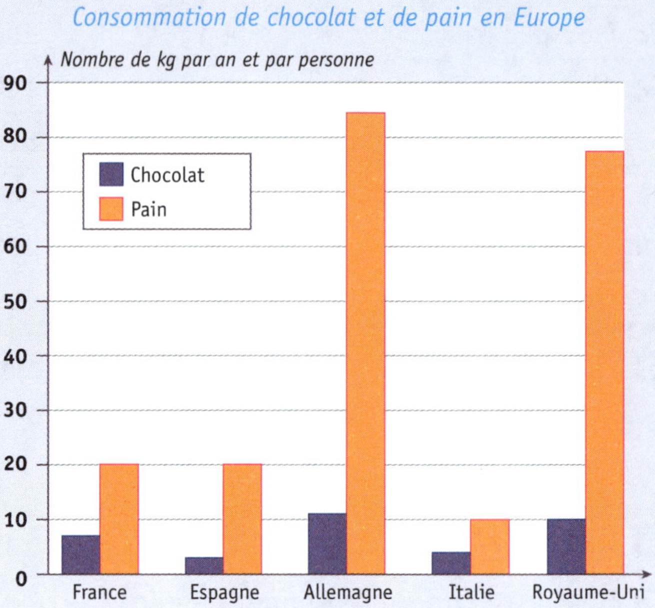

f Quel pays consomme 77 kg de pain par personne et par an ? ....

Organiser les informations

6 Observe le dessin et réponds aux questions.

a Combien coûte l'entrée pour 1 adulte et 2 enfants ? ....

b Quelle est la différence de température entre l'extérieur et l'intérieur ? ....

c La salle de cinéma comporte 250 places.
Combien de personnes peuvent encore voir « Max et les Pirates » ? ....

7 **Complète le tableau en t'aidant du dessin.**

Couleur de l'équipe	Nombre de filles	Nombre de garçons	Nombre total de joueurs	Nombre total de points
....	....	....	....	....
....	....	....	....	....
....	....	....	....	....
....	....	....	....	....

8 **En t'aidant des fiches, complète le tableau quand c'est possible.**

Baleine à bosse

Lieu de vie : tous les océans du monde.

Forme et hauteur du souffle : en forme de buisson, jusqu'à 4 m de haut.

Durée de la plongée : 20 min sous l'eau.

Baleine bleue

Forme et hauteur du souffle : un souffle étroit, très haut, jusqu'à 12 m de haut.

Vitesse moyenne de nage : 15 km/h.

Durée de la plongée : 35 min sous l'eau.

Baleine franche australe

Lieu de vie : océans de l'hémisphère sud.

Vitesse moyenne de nage : 5 km/h.

Durée de la plongée : 40 min sous l'eau.

	Baleine à bosse	Baleine bleue	Baleine franche australe
Hauteur du souffle	....	....	....
Durée de la plongée	....	....	....
Vitesse de nage	....	....	....

Baleine à bosse

Crédits photographiques

p. 17 : © Photononstop/Lonely Planet Images (iguane à bande de Fidji) ; © Getty Images/De Agostini (gecko à queue plate) ; © Biosphoto/Jean-Paul Ferrero (dragon volant) ; **p. 37 :** © Biosphoto/Nigel J. Dennis ; **p. 89 :** © Biosphoto/ Jean-Paul Ferrero (dragon volant) ; **p. 92 :** © Leemage/Aisa ; **p. 98 :** Collection Centre Pompidou, Dist. RMN / Philippe Migeat / © ADAGP, Paris 2012 ; **p. 109 :** © Leemage/De Agostini/© ADAGP, Paris 2012 (swan jacobsen) ; **p. 110 :** © Philippe Lonzi (cube d'acier), © gettyimages (planche), © RÉA (cadeau) ; **p. 111 :** © Corbis (chapeau) ; **p. 125 :** © Office de Tourisme Pays de Nantua (viaduc de Nantua) ; **p. 135 :** © John Norton (raie léopard) ; **p. 141 :** © Biosphoto/ Jean-Luc & Françoise Ziegler (crocodile) ; **p. 143 :** © Biosphoto/Mark Cawardine.

© **iStockphoto :** p. 17, p. 33, p. 47, p. 49, p. 51, p. 55, p. 77, p. 80, p. 88, p. 89, p. 110, p. 111, p. 125, p. 127, p. 131, p. 135, p. 136, p. 137, p. 139.

© **Fotolia :** p. 17, p. 41, p. 45, p. 49, p. 51, p. 55, p. 102, p. 109, p. 110, p. 111, p. 127, p. 130, p. 131, p. 135, p. 136, p. 139, p. 140, p. 141.

Conception de couverture et maquette intérieure : Valérie Goussot et Delphine d'Inguimbert

Mise en pages : François Coreau pour PCA-CMB

Illustrations : Anne-Sophie Lanquetin
Élodie Durand pour certains dessins (p. 28, 31, 35, 45, 56, 63, 67, 78, 79, 106, 114, 121, 122, 130, 131)

Iconographie : Geoffroy Mauzé

Cartographie : Valérie Goncalvès, Marie-Christine Liennard et Christel Parolini

Édition : Blandine Renard et Isabelle Ravilly

5, allée de la 2ᵉ D.B.
75015 Paris

Achevé d'imprimer par G. Canale en février 2014 - Dépôt légal : février 2014 - N° Editeur: 2013_1596

Planche 1

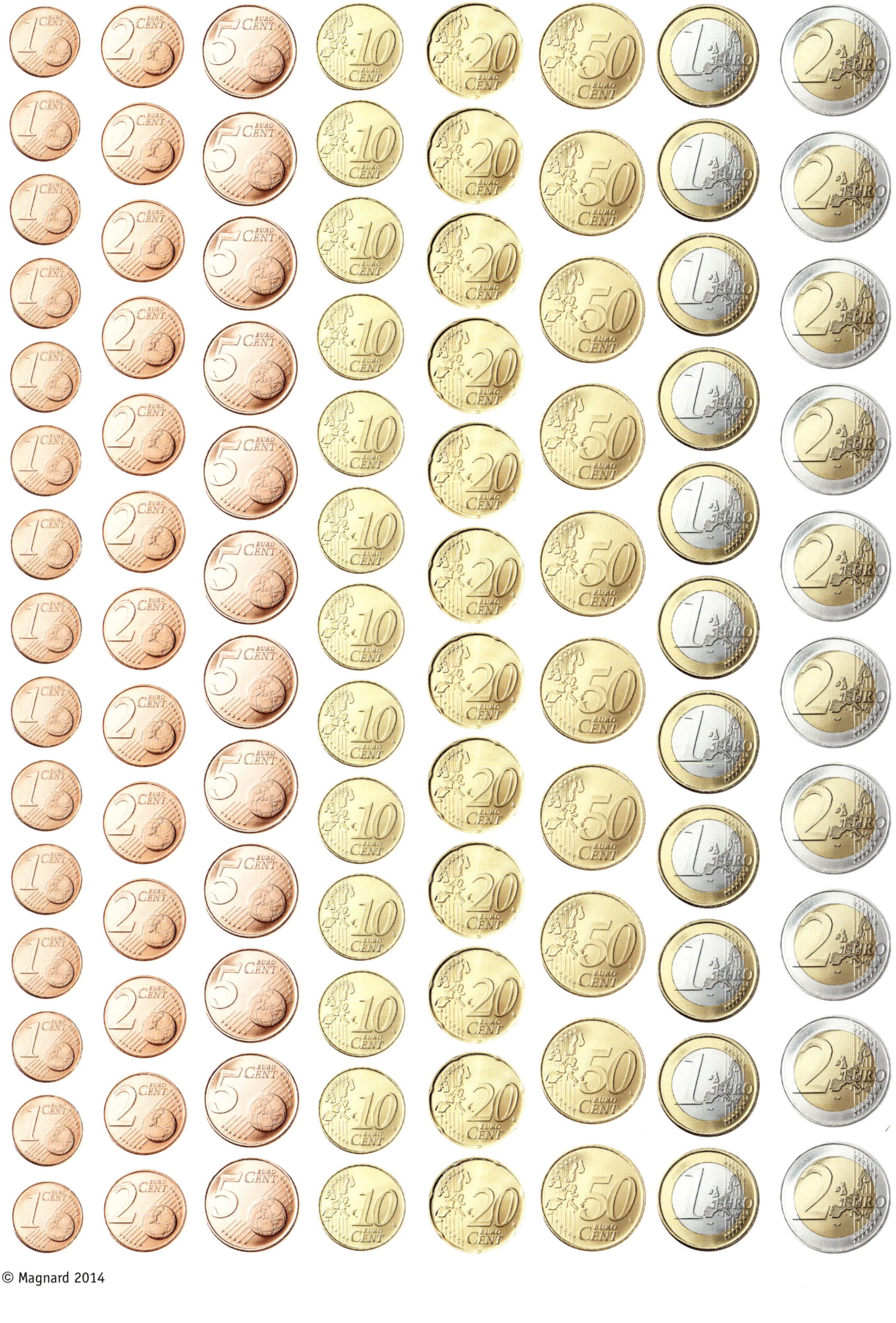

Planche 2

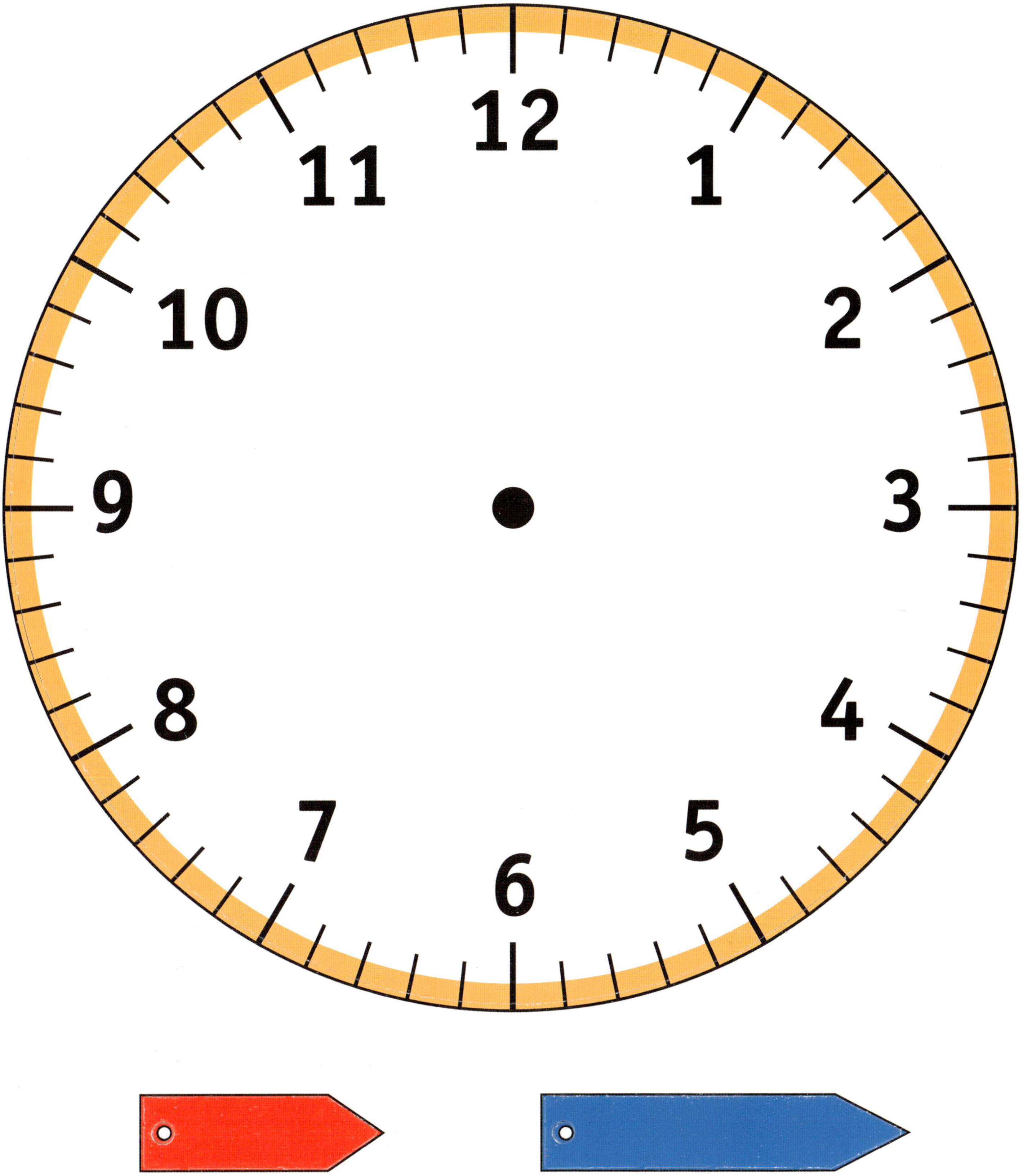
12
1
2
3
4
5
6
7
8
9
10
11

Planche 4

un	deux	trois	quatre
cinq	six	sept	huit
neuf	dix	onze	douze
treize	quatorze	quinze	seize
vingt	trente	quarante	cinquante
soixante	cent	mille	et
un	deux	trois	quatre
cinq	six	sept	huit
neuf	quatre		

–	–	–	–	–	–	–	–

vingts	cents